『鬼滅の刃』で学ぶはじめての仏教

松崎智海

PHP

はじめに

漫画には興味ないけれど、なんとなく流行《はや》っているみたいだから『鬼滅《きめつ》の刃《やいば》』を読んだという方。

「仏教」には興味ないけれど、なんとなく周りがやっているからお葬式にはお坊さんを呼ぶという方。

もしもーし、それもったいないですよ。

「まずは形から」「長い物には巻かれる」「空気を読む」――これらは大切なことです。

でも、それでいいんですか？

お坊さんが出すたとえ話としてはどうかと思いますが、肉は骨の周りが一番美味《うま》いって言うじゃないですか。もしかして皮だけペロッと食べて「こんなもんか」と思っていません?

もったいないですよ。もっとかじりついて骨までしゃぶりましょうよ。『鬼滅の刃』も「仏教」も深掘りしたその真髄《しんずい》が一番面白いのですから。

そんな、なんとなく『鬼滅の刃』を読んだ方、なんとなく仏教と関わっている方に、それぞれをもっと楽しんでもらうための本がこの『『鬼滅の刃』で学ぶ　はじめての仏教』です。もちろん、なんとなくではなく、大好きな人にとってはなおさら楽しい内容だと思います。

かく言う私も、話題になっているからという理由で『鬼滅の刃』を読み始めた口です。SNSで流行り始めた頃、慌ててコミックスを買い漁《あさ》って読みました。しかし、読み進めていくうちにこの物語の根底に流れる「仏教」に気づいていくことになります。作品のいたるところに見え隠れする仏教性に気づいてしまったのです。

仏教というのは世界の見方を変えてくれる教えです。その教えに一度出会うと、出会う前のものの見方に戻ることはありません。毎日、大量に消費され廃棄されていく情報とは違う、出会うとその人の人生をも変えてしまう「物語り」。それが「仏教」です。

そんな仏教に出会い、人生を仏道として歩むお坊さんが『鬼滅の刃』を読むと、どのように見えるのか。鬼と煩悩《ぼんのう》、継国縁壱《つぎくによりいち》と釈尊《しゃくそん》、魘夢《えんむ》の夢と唯識《ゆいしき》、悲鳴嶼行冥《ひめじまぎょうめい》と念仏……。『鬼滅の刃』にちりばめられた仏教的要素に着目しながら、普通に読んでいたら気づけない作品の面白さを本書では紹介していきます。

私は、作者の吾峠呼世晴《ごとうげこよはる》先生は仏教に精通しているか、もしくは深く関わってきた方ではないかと勝手に思っています。少なくとも仏教に触れることのできる環境におられ、影響を受けたのではないでしょうか。

とはいえ、吾峠先生とは全く面識がありませんので、この本に述べられていることは私の勝手な考察、というより強引な妄想かもしれません。「仏教的に読むと……」といった言葉がよく出てきますが、それもあくまで私見です。しかし、この本を読み進めていくうちに、私が『鬼滅の刃』を読んで感じた仏教性は、ただの偶然ではないということをきっと感じてもらえると思います。そして、この本を読み終わる頃には『鬼滅の刃』も、世界も、仏教も、見え方が少し変わっていると思います。

大前提として本書は『鬼滅の刃』から仏教を知ってもらうための本です。『鬼滅の刃』をより深く読み解く考察本というよりは、『鬼滅の刃』をきっかけに仏教を知ってもらうことを目的としています。ですから、仏教のことを知っておく必要はありません。しかし、この本を100％楽しむためには、まず、『鬼滅の刃』を読んでおかれることを強くお勧めします。出費はあるかもしれませんが、読んで損はない面白い漫画ですよ。

現代に空前のブームを巻き起こし、社会現象にまでなった『鬼滅の刃』時代を超えて現代においてもなお、世界中の人々の心をつかむ「仏教」

一見すると何の関係もないような二つに関係性を見いだし、一挙に味わうという前代末聞の挑戦です。仏道を歩むお坊さんが『鬼滅の刃』を読むとこうなる、ということを感じてもらいつつ、仏教に少しでも関心をもっていただけると幸いです。

なお、あらかじめ言っておきますが**「本書の内容は最終話までのネタバレを盛大に含みますので、ご注意ください」**。ネタバレが嫌な人は決して読まないでください。まぁ、お坊さんの私からすれば仏教自体が『鬼滅の刃』のネタバレだと思っているんですがね（笑）。

それでは、お坊さんと一緒に『鬼滅の刃』で学んでいきましょう！

『鬼滅の刃』で学ぶ はじめての仏教　目次

目的《もくてき》

「滅」始まりの呼吸の剣士の刀に刻まれた一文字

釈尊《しゃくそん》1

「刃」最強の剣士・継国縁壱が生まれた理由

釈尊《しやくそん》2

「縁」世代を超えてつながる想い

唯識《ゆいしき》「悪夢」

眠り鬼・魔夢が見せた夢の正体

浄土教《じょうどきょう》

「佗」 悲鳴嶼行冥が背負う疑心と悲しみ

『鬼滅の刃』相関図

鬼

鬼舞辻無惨《きぶつじむざん》

対立

十二鬼月

鬼舞辻無惨に選別された12名の直属の配下
上位と下位に階級が分かれている

[上弦《じょうげん》の鬼]

上弦の壱《いち》・黒死牟《こくしぼう》
上弦の弐《に》・童磨《どうま》
上弦の参《さん》・猗窩座《あかざ》
上弦の肆《し》・半天狗《はんてんぐ》
上弦の伍《ご》・玉壺《ぎょっこ》
上弦の陸《ろく》・妓夫太郎《ぎゅうたろう》と堕姫《だき》

[下弦《かげん》の鬼]

下弦の壱《いち》・魘夢《えんむ》
⋮
下弦の伍《ご》・累《るい》

鬼だが、人間を助ける

竈門禰豆子《かまどねずこ》
珠世《たまよ》
愈史郎《ゆしろう》

鬼殺隊

人間を鬼から守るための組織

産屋敷耀哉《うぶやしきかがや》

柱

鬼殺隊最高位の実力をもつ剣士たち

水柱《みずばしら》・冨岡義勇《とみおかぎゆう》
蟲柱《むしばしら》・胡蝶《こちょう》しのぶ
炎柱《えんばしら》・煉獄杏寿郎《れんごくきょうじゅろう》
岩柱《いわばしら》・悲鳴嶼行冥《ひめじまぎょうめい》
風柱《かぜばしら》・不死川実弥《しなずがわさねみ》 etc.

隊士

竈門炭治郎《かまどたんじろう》 我妻善逸《あがつまぜんいつ》
嘴平伊之助《はしびらいのすけ》 栗花落《つゆり》カナヲ
不死川玄弥《しなずがわげんや》 神崎《かんざき》アオイ
etc.

刀鍛冶

鬼を狩るための刀の製造を受け持つ

鋼鐵塚《はがねづか》 蛍《ほたる》 etc.

育て

鬼殺隊になるための剣士を育てる

鱗滝左近次《うろこだきさこんじ》 etc.

本書で紹介の『鬼滅の刃』に登場する主な人物(鬼)

竈門《かまど》炭治郎《たんじろう》

『鬼滅《きめつ》の刃《やいば》』の主人公。鬼に家族を惨殺《ざんさつ》され、唯一の生き残りでありながらも鬼と化してしまった妹を人間に戻すために鬼殺隊《きさつたい》の剣士となる。

竈門《かまど》禰豆子《ねずこ》

炭治郎の妹。鬼となりながら鬼と戦い、炭治郎を守る。

鬼舞辻《きぶつじ》無惨《むざん》

1000年以上も前に鬼となったという、鬼の始祖。無惨の血を与えることにより、鬼が生み出される。

産屋敷《うぶやしき》耀哉《かがや》

鬼殺隊を率いる産屋敷一族の97代目当主。鬼殺隊の中心となり指令を出すが、虚弱体質のため、自ら刀を振るうことができない。

継国《つぎくに》縁壱《よりいち》

全ての呼吸の起源となった「日の呼吸」の使い手で、最強の剣士。炭治郎の祖先が「日の呼吸」を教わり、「ヒノカミ神楽《かぐら》」として竈門家に代々伝わる。

黒死牟《こくしぼう》

上弦《じょうげん》の壱《いち》。鬼になる前は継国巌勝《みちかつ》という名で、継国縁壱の双子の兄。

魘夢《えんむ》

下弦《かげん》の壱《いち》。別名「眠り鬼」と言われ、人の夢を操作する血鬼術《けっきじゅつ》を使う。

悲鳴嶼《ひめじま》行冥《ぎょうめい》

岩柱《いわばしら》。常に念仏をとなえ、涙を流している。鬼殺隊の中でも屈指の強さを誇る。鬼殺隊に入る前は、お寺で子どもたちと過ごしていた。

不死川《しなずがわ》玄弥《げんや》

炭治郎の同期の一人。風柱《かぜばしら》・不死川実弥《さねみ》の弟、岩柱・悲鳴嶼行冥の弟子。鬼を喰うことで一時的に鬼の能力を得る方法を発見した。

珠世《たまよ》

鬼だが鬼舞辻の命を狙い、炭治郎を援助する。医者。

愈史郎《ゆしろう》

珠世を慕う鬼の青年。目隠しの術という血鬼術を使う。

目的

——もくてき——

「滅」

始まりの呼吸の剣士の刀に刻まれた一文字

なぜ、こんなにも『鬼滅の刃』から仏教を感じるのか？

「『鬼滅《きめつ》の刃《やいば》』に仏教の要素があるなんて、そんなのはあなたの想像でしかないでしょう」という声が聞こえてきそうです。

実際、仏教は多くの作品でモチーフにされ、影響を与えています。これは作品とかのレベルではなく、文化としてのレベルですので、作者が無意識のうちに取り入れていることだってあります。キャラクターの造形や名称、用語に仏教の言葉を見つけることができる作品もあります。

しかし、そういった意味での分かりやすい仏教の要素が『鬼滅の刃』に頻出《ひんしゅつ》するわけではありません。その点では、ポスト『鬼滅の刃』とも言われる『呪術廻戦《じゅじゅつかいせん》』（芥見下々、集英社）のほうが、より直接的な仏教用語が出てきます。

では、なぜこんなにもこの作品から仏教を感じるか。**それは『鬼滅の刃』と仏教の構造に共通点が見られる**からだと私は考えています。しかもそれは、単なる表層的な表現の共通ではなく、もっと根っこの部分でのつながりです。

仏教の目的は「仏に成る」こと

その根本的な構造の共通点とは何か。それは、**互いのテーマが「滅」するということです。**

まずは仏教のテーマを知っていただきます。

さて、仏教の目的とは何でしょうか。

これに答えられる人は意外と少ないのです。街でお坊さんやお寺を見て、珍しいなとは思っても「あれは何だ？」と思うことはないと思います。それだけ仏教は生活や文化の中に溶け込んでいるからです。

しかし、仏教が何のためにあるかを言える人は意外と多くありません。その目的はたった一言。**「仏に成る」**ということです。

皆さんは仏教に対して、いろいろなイメージをおもちだと思います。お葬式をしたり、念仏したり、お経を読んだり、座禅を組んだり、水をかぶったり……。

では、何のためにそんなことをしているのでしょうか。それは「仏に成る」ためです。

もちろん、それが直接的な目的ではない場合もありますが、最終的な目的は「仏に成る」こと。これを「成仏《じょうぶつ》」と言います。

よく、成仏というと死ぬことだと思われていますが、それは違います。**「仏に成ることを成仏と言う**のです。

死後に必ず「仏に成る」ことができると説いた浄土教（浄土教の説明は後ほどします）の影響で「死ぬこと＝成仏」という言葉の認識が生まれましたが、本来の意味からすると、生きている時でも成仏できます。

そして、生きている間に成仏できた人が、仏教を開かれたお釈迦様です。「仏に成る」ことができたお釈迦様のように、自分も仏に成ろうとする集団が仏教と呼ばれる教団／グループです。お釈迦様の言葉を聞き、その教えを実践していく人生を選んだ人たちが仏教徒。その中で、特に人生を「仏に成る」ための道、すなわち仏道に人生を捧げた人たちのことを僧侶と言います。

どういった人を僧侶と呼ぶかの線引きは、宗派によって違うため定義しづらいのですが、「仏に成る」ことを人生の中心に据えた人たちを僧侶と言っていいのではないかと思います。

お坊さんがやっている全ての目的は成仏のため。お寺があるのも成仏のため。スクーターに乗って、いろんな家を回るのも成仏のため。お葬式も成仏のため。最終的に目指すところは成仏なのです。その最終目的に近づくために行うのが行《ぎょう》で、その行を行うことを修行と呼ぶのです。

お坊さんだけではありません。お寺に通う人たちは何のために通っているのかというと、それは「仏に成る」ためなのです。みんな仏に成りたいのです。

しかし、実際のところはそんなことは考えずにお寺に通ったり、お坊さんを呼んでお葬式をする人も大勢います。仏に成りたいと思ったことがないし、成るつもりもないという人が大半です。

でも、仏教について語ったり、関わったり（葬儀など一時的なものでも）するうえで、「仏に成る」という根本の目的を外しては考えられないのです。

私たちも「ブッダ」になれる！

では、仏とは何なのでしょう。

仏に成ったことのない私が、「仏とはこういうものだよ」と言うのは、体育の授業ぐらいでしかサッカーをやったことのない人が「プロサッカー選手っていうのはね」ってイキってしゃべるぐらい恥ずかしいことなのですが、そこを恥を忍んで言うと、**仏とは〝真理・真実に目覚めた人〟**のことです。

つまり、**仏に成るということは〝真理・真実に目覚める〟ということ**です。逆に言うと、仏でない私たちは、真理・真実が見えていないということになります。

なぜ真理・真実が見えていないのでしょうか。そもそも人間には、見ることができないのでしょうか。そうではありません。

なぜなら、お釈迦様は見ることができたからです。同じ人間（根本的に一般人とお釈迦様は素養が違いますが）が見ることができたのですから、私たちにも見ることができるはずです。ということは、見ることができるのに、見えていないということになります。

つまり、何かが見えなくしている。その原因があるはずです。その原因は何かというと、それは私たちの心の中にある「迷いの心」です。その迷いの心が私たちの心の真理・真実を見る目を覆っているから見えないのです。この**迷いの心を仏教では「煩《ぼん》悩《のう》」と呼びます。**

もともと「仏」という字は音読みで「ぶつ」と読みます。これは「仏陀《ぶつだ》」を略したもので、古いインドの言葉（サンスクリット語）の Buddha（ブッダ）に中国の人が漢字をあてはめたものです。

仏教は、インドで生まれ、中国に伝わる際に中国語に翻訳されるのですが、訳すことができない言葉には音を合わせて漢字をあてる音写が行われました。ですから、インドのもとの言葉でも仏はブッダです。

このブッダ（＝仏陀）とはサンスクリット語で「目覚めた者」という意味です。私たちの真理・真実を見る目を覆う「迷いの心」を取り払い、本当の姿をありのままに見ることのできる「目覚めた者」のことを仏陀（仏）と呼ぶのです。そして、私たちがそれに成ることを目指すのが仏教です。

シンプルだけれど、とてつもなく難しい〝瞼の開け方〟

この煩悩（迷いの心）はサングラスやアイマスクのようなものではなく、人間の瞼《まぶた》のような自自身の一部です。真理・真実が見えないというのは、外部から目を覆われているのではなく、自分で自分の目を覆っている。つまり、瞼を閉じているような状態です。

見えなくしているのは私自身の瞼であり、私たちは見えないのではなく、自らの意思で見ようとしていないのです。もっと言うと、見えていないということにすら気づいていないのです。

なぜなら、目を開けたことがないからです。真っ暗な状態が当たり前の私たちは、**瞼の向こう側に広がる美しい世界を知らない。知らないから真っ暗な中でも自分は真**

理・真実の世界を見ていると思い込んでいる。

そういう状態のことを「無明《むみょう》」と言います。文字通り「明かりが無い」。つまり、何も見えない真っ暗闇ということです。自らが無明であることに気づき、瞼を開けて、世界をありのままに見ることできたのが仏です。だから、そういった存在を「目覚めた者」と呼ぶのです。

ではどうやったら目覚めた者、すなわち仏に成ることができるのでしょうか。その点について仏教はシンプルです。自分の心の中から、原因である煩悩（迷いの心）を取り除けばいいのです。

つまり、閉じている瞼を開ければ世界は見えるということです。簡単です。

しかし、その瞼を開けることが、とてつもなく難しいのです。瞼を開けるためには、まず自分が目を閉じていることに気づき、目を開けるという動作をしなければなりません。

私たちが普段行っている、目を開ける動作は容易ですが、これが心の問題となると、なかなかうまくいきません。膨大な時間と労力をかけて自分の心の目を覆う煩悩を取り除かなければならないのです。

「仏に成る」ためには、この厄介《やっかい》な煩悩をいかになくしていくかが問題になります。

仏教とは、いかに煩悩と向き合っていくかが大きなテーマなのです。

『鬼滅の刃』と仏教の根底に流れるテーマ

では、『鬼滅の刃』のテーマは何でしょうか。

この物語は、ある日突然、鬼である鬼舞辻無惨《きぶつじむざん》に家族を惨殺《ざんさつ》された主人公、竈門炭《かまどたん》治郎《じろう》（以下、炭治郎）が、悲劇の唯一の生き残りでありながらも鬼と化してしまった妹の竈門禰豆子《ねずこ》（以下、禰豆子）を人間に戻すべく旅をする物語です。これが物語の最初の目的です。

しかし、物語が進むにつれ、禰豆子を人間に戻す手掛かりを手に入れるためには、より強い鬼を倒していくことが必要だと分かってきます。つまり、「鬼退治」です。

主人公が強大な敵（＝鬼）を倒すために仲間たちとの友情を育《はぐく》みながら努力して勝利する。これがこの漫画のテーマです。よくある漫画のパターンです。

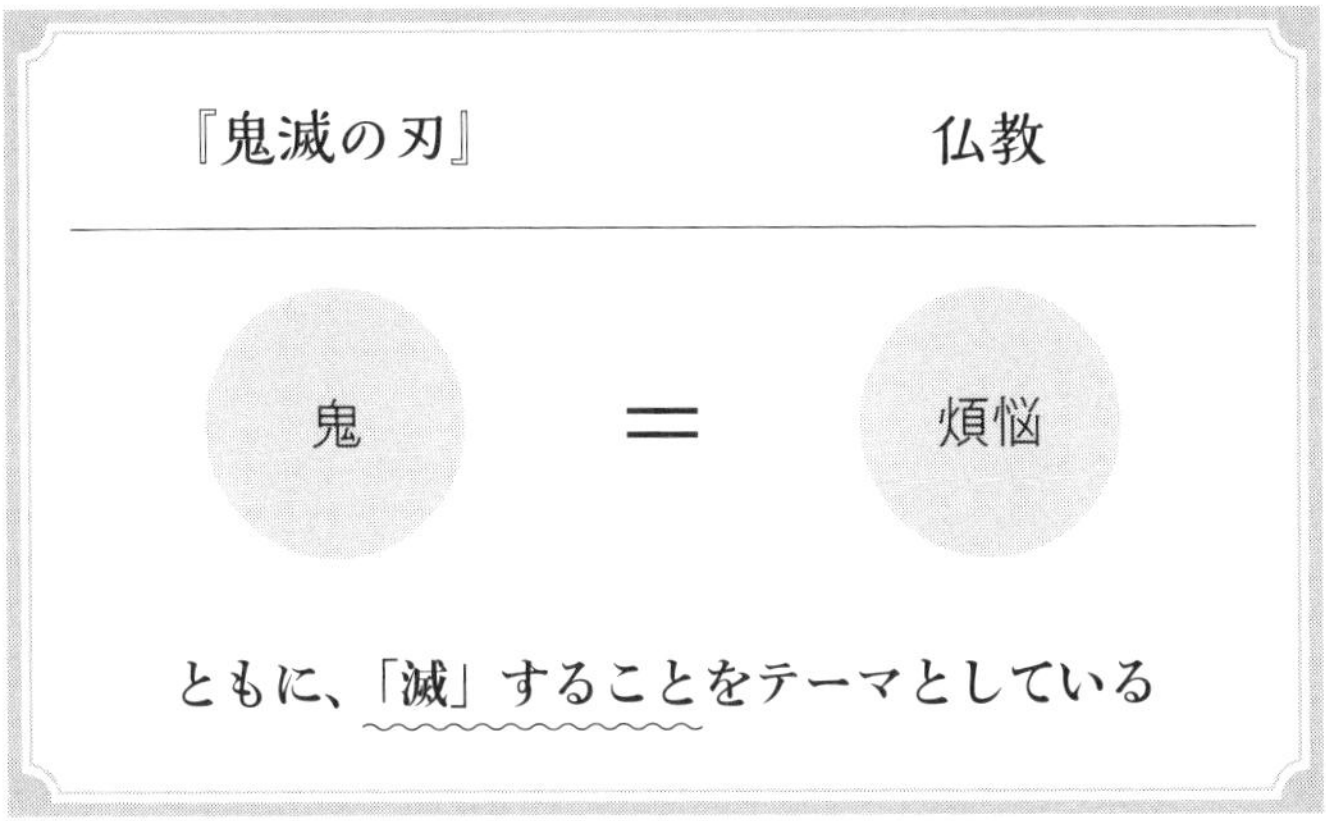

しかし、このよくあるパターンこそが、仏教と共通する要素でもあります。それは、**仏教も『鬼滅の刃』も、ともに「滅」することをテーマとしている**という点です。

仏教では煩悩をなくすことに「滅」するという言葉を使います。仏教は煩悩を「滅」するための教えです。そして、『鬼滅の刃』は鬼を「滅」することがテーマ。ともに、「滅」する物語なのです。

そして、「滅」するということを共通項とすると、『鬼滅の刃』でいうところの鬼は、仏教でいうところの煩悩であるという図式が成り立ちます。この**「鬼」＝「煩悩」という見方が、『鬼滅の刃』の仏教的理解の根本的な考え**になります（本書は、この「鬼」＝「煩悩」という考えをベースに進めていきます）。

この物語の「鬼」を人間の内なる「煩悩」と見た時、『鬼滅の刃』が単なる勧善《かんぜん》懲《ちょう》悪《あく》のヒーロー物語ではなく、時代を超えて想いをつないでいくという物語、つまり仏教性をもった、全く違った「物語り」に見えてくるのです。

「滅」は物語全体の重要キーワード

とはいえ、敵を求めて旅をする漫画なんて山ほどあります。しかし、なぜこの漫画が仏教的な漫画と感じられるのか。様々な理由がありますが、その一つに『鬼滅の刃』というタイトルにあります。

『鬼滅の刃』は、作者が第70回（２０１３年4月期）ＪＵＭＰトレジャー新人漫画賞で佳作を受賞した「過狩り狩り」という作品をもとにしたものです。「過狩り狩り」に、新たな設定などを加えて連載作品にする過程でタイトルが変わっています。コミックス１巻の「大正コソコソ噂話《うわさばなし》」（作品の設定などを紹介するコーナー）で、作者が『鬼滅の刃』以外に９つのタイトル候補があったと明かしています。それは、

・鬼滅奇譚（きめつきたん）
・鬼鬼滅滅（ききめつめつ）
・悪鬼滅々（あっきめつめつ）
・鬼殺の刃（きさつのやいば）
・滅々鬼譚（めつめつきたん）
・鬼殺譚（きさつたん）
・空想鬼滅奇譚（くうそうきめつきたん）
・鬼狩りカグツチ（おにがりカグツチ）
・炭のカグツチ（すみのカグツチ）

の9つです。この中で目立つ文字は**「鬼」「滅」「殺」**の3文字です。

この3文字に「悪」の字を加えると、作中の柱《はしら》（鬼殺隊最高位の実力をもつ剣士）が使用する刀に刻まれる「悪鬼滅殺」の言葉が浮かび上がります。**これらの文字は作品の大きな柱になる**ものです。

2015年に連載作品のネーム（漫画の設計図）として生み出した際のタイトルは「鬼殺の流」だったそうです。残念ながらこのタイトルは採用されず、ここからさらにブラッシュアップして『鬼滅の刃』が生まれました。

この際、タイトルは「鬼殺」→「鬼滅」に変わっています。もちろん、タイトルに「殺」という言葉を入れるのは少年漫画としては躊躇《ちゆうちょ》するところではありますが、作品タイトルという看板に入れる文字ですから、作者の思いが込められていることは明白です。

「殺」の代わりに「滅」を用いたことも意味があってのことだと思います。ですから**「滅」という字は、物語全体を通してのキーワード**と言えます。

苦悩して「滅」していく二つの物語

作中でこの「滅」の字について触れている場面があります。それは、刀鍛冶《かたなかじ》の里でのお話。里に存在する鬼殺隊士の訓練用の絡繰《からくり》人形「縁壱零式《よりいちぜろしき》」の体内から出てきた刀。これは呼吸という身体能力を高める体術の生みの親である継国縁壱《つぎくによりいち》のものと推測され、後に炭治郎の愛刀となります。

　素晴らしい技術で作られたその刀に刻まれた文字は「滅」の一文字だけ。柱たちの刀には「悪鬼滅殺」という文字が刻まれますが、縁壱の刀には「滅」の字だけです。第117話において、復元のためにこの刀を研いだ刀鍛冶の鋼鐵塚蛍《はがねづかほたる》は、研ぎながら「作者は誰なのだ　どのような方がこの刀を…　なぜ自分の名を刻まずこの一文字を・・・・……」と問います。

　そして、これを打った刀鍛冶と通じるかのように「これ程の刀に自分の名を刻まなかった理由　この一文字…この一念のみを込めて打った刀なんだ　ただ一つこれだけを目的として打った刀」と言いながら刀を仕上げていきます。

　これは、「滅」という言葉の重要性を示しているとともに、物語が「滅」することを目的としていることを示していると読むことができます。

　一方、**仏教で滅するものというと、それは迷いの心である「煩悩」を指します**。その煩悩を滅することが仏教の目的です。

「滅」という漢字には「火が消える」「明かりが消える」という意味があります。**仏教**

では仏に成った悟りの境地のことを涅槃《ねはん》と言いますが、この涅槃というのは、先ほど紹介したサンスクリット語（古いインドの言葉）では「ニルヴァーナ」と言います。ニルヴァーナの語源は「消えた」という意味です。これは煩悩の炎が吹き消された状態からきています。

そして、**涅槃は静やかな安らぎの境地**です。**これを涅槃寂静《じゃくじょう》と言います。心の中で燃え盛る煩悩の炎を滅するのが仏教の目的**であり、**それを達成した存在を仏と言う**のです。そして、静かで安らかな境地に至ることが仏教の目指すところなのです。仏教もまた滅することがテーマなのです。

仏教では、煩悩によって迷う状態を無明と言います。この無明を破るのが仏の智慧《ちえ》です。この**仏の智慧こそが無明を打ち破る光**なのです。

一方、『鬼滅の刃』も鬼の最大の弱点は陽《ひ》の光です。鬼が陽の光に当たるとボロボロと崩れて消滅していきます。それはまるで、人の煩悩が、仏の智慧によって消滅していくかのようです。

『鬼滅の刃』と仏教はともに滅することをテーマにした物語です。『鬼滅の刃』では鬼を、仏教では煩悩をそれぞれ滅することを目指します。炭治郎が鬼と対峙《たいじ》し苦悩するように、仏教徒もまた煩悩と向き合い苦悩するのです。

『鬼滅の刃』において、鬼の存在を知るのは限られた人たちです。鬼の存仕を知らない者にとって、鬼はただのおとぎ話のような作り事でしかありません。だから、それを知らない者にとっては恐ろしくもなんともなく、平然と暮らしています。

しかし、一度鬼の存在を認識し、その恐ろしさを知った者にとっては片時も忘れることのできない存在となります。

煩悩もまた同じで、認識していなければただの欲求でしかなく、ともすれば生きるために不可欠と思っている人もいます。

しかし、その深さと恐ろしさ、愚かさを認識した時、それを取り除くのがいかに困難なものかを思い知らされることになります。

鬼も煩悩も同じように対峙して、初めてその恐ろしさを知るのです。そして、その存在に気づくことが全ての始まりなのです。

四諦

——したい——

「残酷」

物語はここから始まった

そもそも、煩悩をなくすことってできるんですか？

前章では、「仏に成る」ことが仏教の目的で、そのためには煩悩《ぼんのう》を滅する必要があると説明しました。その滅するという点で『鬼滅の刃』と仏教に共通点を見いだしたのですが、では、煩悩はどうやったら滅することができるのか、ということをもう少し見ていこうと思います。

とはいうものの、煩悩を滅するなんて、並大抵の努力ではかなわないわけです。

仏教では「煩悩無数《むしゅ》」と言って、煩悩は無数、つまり、数えることができないほど多いと言います。

私は僧侶ですが、煩悩を滅してはいません。というか、もし煩悩を滅していたら僧侶はやっていません。煩悩満載だから、僧侶をやっているのです。この点は、世間様が勘違いをしておられるところだと思います。世の中には素晴らしいお坊さんもいますから、私なんかと一緒にするのも失礼だと思いますが、少なくとも私という人間は煩悩まみれです。

そして、「私には煩悩は無い」なんて言う人を、私は信じません。私が尊敬する僧侶の方々は皆、ご自身の内なる煩悩と向き合い、ひたむきに仏道を歩んでおられます。自らの弱さと向き合い、それを認めて前に進む。まるで炭治郎《たんじろう》みたいですね。

話がそれてしまいましたが、煩悩を滅していない者が、煩悩の滅し方を語ることはおこがましいことです。ですから、煩悩を滅することができたお釈迦様の言葉を借ります。そこで出てくるのが**「四諦《したい》」という教え**です。

とても大事な言葉なので、聖の字を加えて「四聖諦《ししょうたい》」とも言います。この「四諦」の教えは、仏教の基本中の基本。最も重要な教えの一つです。

しかし、基本中の基本でありながら、難中の難。これほど実践の難しいものはありません。これをお釈迦様は最初に説かれました。

お釈迦様のデビュー戦で語られた究極奥義

少しだけお釈迦様のことに触れておきますと、お釈迦様はもともと王子様でした。ここでは「すごいねぇ」くらいで押さえておいてください。

その王子様だったお釈迦様は、人生の苦しみを何とか解決しようと、王子様の立場を捨てて修行者になります。いわゆる出家をするわけです。

出家してから様々な修行を経て、35歳の時に仏に成りました。つまり、煩悩を完全にコントロールすることができるようになったのです。それから、80歳で亡くなられるまでの45年間、ひたすら自分の教えをいろんな人に伝えていきます。

こうして仏の教えが世に出ていくことになるのですが、**お釈迦様が仏と成られてから初めて他人に教えを伝えたこと、つまり、最初の説法のことを「初転法輪《しょてんぼうりん》」と言います。**要するに、お釈迦様の仏様としてのデビュー戦です。このデビュー戦は仏教でとても大切なものとして受け止められています。

なぜなら、**仏教徒が信じるべき3つのもの、**すなわち**「仏」「法」「僧」**の3つがそろった瞬間だからです。

「仏」とは〝仏陀〟のことで、仏と成られたお釈迦様を指します。

「法」とは〝教え〟のことで、ここで初めて披露されることになります。

「僧」とは〝仏の教えに従うもの〟のことで、ここでは初めて教えを聞いた弟子たちです。

よく「南無三《なむさん》」って言うじゃないですか。言わないですか？　漫画等でお坊さん的なキャラが何か意を決して、「南無三」って言ったりしません？　あの「南無三」というのは「南無三宝」の略で、三宝とは「仏」「法」「僧」の3つのことです。仏教の大切な宝物としてそう呼ぶのです。

そして、「南無」とは平たく言うと「信じます」ということ。だから、「南無三」は、「私は仏法僧の三宝を信じます」という意味になります。

そんな信じるべき3つ「仏」「法」「僧」が成立した瞬間がこのデビュー戦、「初転法輪」という出来事なのです。そしてこれが仏教のスタート。仏教の2500年の歴史が始まる歴史的瞬間なのです。

この記念すべき時に説かれた教えが「四諦」なのです。これだけでも「四諦」がどれだけ重要な教えか、分かると思います。誰でも初めての時には気合が入るものです。その一番気合を入れて説いた教えが「四諦」で、ある意味これは仏教の正解でもあります。これができれば仏に成れるよ、という教え。

つまり、この**「四諦」の教えは仏教の究極奥義《おうぎ》みたいなもの**です。ただし、ちゃんと実践できればの話ですが……。

お釈迦様はデビュー戦でいきなり最終究極奥義を弟子たちに見せたことになります。ウルトラマンならスペシウム光線、仮面ライダーならライダーキック、水戸黄門なら印籠《いんろう》をいきなり出すということです。

普通は簡単な技から見せて、だんだんと難しくしていくのですが、いきなり最終奥義を見せて「これだぞ」と言うのです。この教えを聞いて、弟子たちは仏に一気に近づいたそうです。

現在でも、仏教を学ぶ者は大抵この「四諦」を最初に学ぶのですが、学んだからといって仏に成れないのは理屈だけではないということでしょう。それだけ、お釈迦様の初転法輪は素晴らしいものだったのです。

人生は思い通りにならないことだらけ

では、初転法輪で説かれた「四諦」とはどんな教えなのでしょうか。

「四諦」とは「4つの真理」ということです。「諦」という漢字には「真理・道理」という意味があります。「諦」を訓読みすると、「あきらめ（る）」と読めますよね。この語源は「明《あき》らむ」からきているのだとか。

現在では「途中で投げ出す」というネガティブな意味で使われる「諦める」は、本来「明らかにする、つまびらかにする」という意味があるのだそうです。

つまり、**「四諦」とはお釈迦様が「明らかにされた4つの真理」**という意味です。では、その4つは何かというと**「苦」「集」「滅」「道」**です。**それぞれに「諦」を付けて「苦諦《くたい》」「集諦《じったい》」「滅諦《めったい》」「道諦《どうたい》」と呼びます。**

では順番に「苦諦」から見ていきます。

「苦諦」とは「苦の真理」という意味です。この「苦の真理」とは私たちの世界がどのようなものであるかを明らかにしたもので、お釈迦様は**「人生は苦である」**と言われています。

最初から、なかなかダークな言葉が出てきますが、仏教の根本的な世界観です。仏教は、この世の中を苦であると見るのです。ここでの苦とは「苦しい」「つらい」という意味もありますが、それよりも「思い通りにならない」という意味です。**私たちの世界は「思い通りにならないことだらけだ」というのが仏教の出発点**なのです。

皆さんはどう思われますか？　そんなことはない、「念ずれば花開く」「努力は実る」「夢は必ずかなう」ですか？　確かにそういうこともありますし、そうであることを願って生きています。

しかし、よく考えてみると、私たちは何一つ自分の思い通りにはできていないのではないでしょうか。

例えば、明日の天気だってどうなるか分からない。自分の髪の毛1本、爪1枚自由に伸び縮みさせることはできない。自分の身長だってそうです。体重なら何とかなりそうですが、それもなかなかうまくはいきません。

私は年齢が年齢なので減量を心がけているのですが、１kg落とすのも大変です。でも2、３kgなんてあっという間に増えてしまいます。自分のことですらこの調子ですから、他人を思い通りにできるわけがないのです。

そんな世界に私たちは生きているのです。そして、その**「苦」をいかに抜くかが仏教のテーマ**でもあります。ここを外してしまうと、仏教はスタートしないのです。人生は苦であるということを認識するところから始まるのです。

ちょっとネガティブですよね。だから、仏教が若者に人気がないのも分かるんです。だって、「人生これからだ！」って希望に満ち溢れた人たちに、「人生って思い通りにならないものなんだよ」と言っても嫌がられますよね。

でも、年を重ねると、それを経験から実感できてくる。どうしても人生は思い通りにならない、理不尽な現実を経験すると、この言葉は「そうだよな」となるわけです。お寺にお年寄りが多く訪れるのも納得できます。スタートからして若者にとって仏教は辛気《しんき》臭いのです。

「苦しみ」を乗り越える道のり

次は**「集諦《じったい》」**です。これは先ほどの「苦諦」で説かれた「苦」の原因が何かということを説いたものです。

その原因は、ズバリ「煩悩」です！

煩悩とは前章でも申しました「迷いの心」のことです。分かりやすく言うと、私たちの〝自分勝手な欲望〟や〝悪い心〟のことですが、それが苦の原因だと言うのです。そもそも、この世界は「苦諦」で述べたように「思い通りにはならない」世界です。その**「思い通りにならない」世界を、「思い通りにしようとする心」が煩悩**です。

例えば、「年をとる」のはどうしようもありません。しかし、それを何とかしようと抵抗します。しかし、やっぱりうまくはいかないんですよ。そこには限界がありますから。すると「思い通りにいかない！」という苦しみが生まれるわけです。

人間関係もそうです。もともと、他人は自分の思い通りにはならないものです。しかし、それを思い通りにしたがる。「こんなに愛しているのに、なぜ私のことを愛してくれないのか！」となって苦しくなる。苦しくなるとその苦しみから抜け出すために悩む。最終的に「愛してくれないいんだったら死ねぇ」となることもあります。でも、相手を殺しても、結局、殺したことに苦しめられる。つまり、「思い通りにしたいと思う心」「手に入れても満たされず求め続ける心」――これが「煩悩」です。

煩悩が苦しみをどんどん集めてきて、さらにその苦しみが次の苦しみを生み、雪だるまのように大きくなるというのが「集諦」です。苦が苦である原因を説いたもの。仏教での諸悪の根源は「煩悩」なんです。

だから、仏教では何とかして煩悩をなくしていこうとします。そして、その**煩悩がなくなった状態が理想の状態**と考えます。その状態は寂静《じゃくじょう》、すなわち静かで平和な状態です。その煩悩が滅した状態を目指しなさいというのです。**私たちが目指すべき目標を表したもの、**これが3番目の**「滅諦」**です。そして、その境地にある存在を「仏」と呼ぶのです。

じゃあ、**どうやったら煩悩を滅することができるのかというのが説かれている**のが4番目の**「道諦」**です。具体的には8つの方法が説かれていて、これを**八正道《はっしょうどう》**と言います。この8つができれば仏に成れますよというものです。八正道は悟りを得るため

四諦の教え

苦諦《くたい》：現実は苦である
集諦《じつたい》：原因は煩悩である
滅諦《めつたい》：煩悩を滅した状態が理想
道諦《どうたい》：煩悩を滅する具体的な方法

八正道
正見・正思惟・正語・正業・
正命・正精進・正念・正定

の修行法のことで、正見《しょうけん》（かたよらない見方）・正思惟《しょうしゆい》（かたよらない考え方）・正語《しょうご》（かたよらない言説）・正業《しょうごう》（正しい行い）・正命《しょうみょう》（正しい生活）・正精進《しょうしょうじん》（正しい努力）・正念《しょうねん》（正しい思念）・正定《しょうじょう》（正しい禅定）の8つの実践です。

この**「四諦」と「八正道」を合わせて「四諦八正道」と言い、仏教の根本原理になります。**お釈迦様が最初に説かれた仏教の最も基本の考え方です。

まとめると、四諦というのは、私たちの世界が苦の世界であること（苦諦）。そして、その苦の原因は自分たちの内なる煩悩であること（集諦）。そんな私たちが目指すべき理想の状態が悟りの境地であり（滅諦）、そのために具体的にどうすればいいかの方法（道諦）を説いたものです。

現状を知って、原因を探り、目標を定め、具体的に行動していく。成仏までの道のりを論理的に説いたものが、この四諦の教えです。このまま実践できれば仏に成ることができる。まさに、仏教の正解を説いたものなのです。

『鬼滅の刃』第1話の流れと重なり合う四諦の教え

仏の教えは「苦」からスタートします。私たちの世界が苦の世界であるということを前提にしているのです。

そして、同じように『鬼滅の刃』も「苦」から始まります。第1話で炭治郎一家がある日突然、炭治郎と禰豆子《ねずこ》を除いて惨殺《ざんさつ》されます。その第1話のタイトルは「残酷」です。

コミックス1巻の表紙も、炭治郎と禰豆子が苦悶の表情で抱き合っています。この漫画の最初のセリフは、妹を背負い歩く炭治郎の心の声「なんでこんなことになったんだ」。これがこの物語の始まりです。

炭治郎には分からなかった。平凡な日常。貧しいけれども漠然とした幸せ。きっと同じような明日が来ると思っていた。そんな毎日がある日突然壊される。当たり前のように来ると思っていた明日がもう来ない。しかも、なぜそうなったのかも分からない。そんな理不尽な現実を目の前にした心の声が、この「なんでこんなことになったんだ」なのです。

かろうじて生き残った妹を救うため、医者を求めて炭治郎は町に向かいますが、その途中で、鬼殺隊《きさつたい》の柱《はしら》である冨岡義勇《とみおかぎゆう》に出会います。

義勇は、今受けている理不尽な苦しみの原因、そして、炭治郎が抱えている禰豆子は鬼であることを教え、その苦しみを解決するために鬼と向き合うことを勧めます。そして、その鬼と向き合う方法を知る鱗滝左近次《うろこだきさこんじ》という人物のもとに向かうよう指示し、それに従って二人は旅立つのです。これが第1話の大まかな流れです。

お気づきでしょうか？　**『鬼滅の刃』の第1話は、仏教の四諦の教えそのままなのです。**

鬼を煩悩に変えて考えてみてください。現実の苦を知り（＝家族を惨殺され、妹を鬼

四諦の教え	『鬼滅の刃』第1話
苦諦：現実は苦である	残酷な現実
集諦：原因は煩悩である	その原因は鬼だ
滅諦：煩悩を滅した状態が理想	鬼を滅すれば平和が訪れるはず
道諦：煩悩を滅する具体的な方法	鬼を倒す方法を学べ（鱗滝左近次のもとへ行け）

にされる）、その原因が煩悩であり（＝鬼が原因だった）、それを滅することを目指し（＝妹を戻す方法のカギは鬼）、具体的な行動を起こしていく（鱗滝左近次のもとへ旅立つ）。

まさに、仏教の正解とも言える「四諦」の教えの流れがたった一話に収まっているのです。漫画の第1話というのは、この物語がなぜ始まるのかということを読者に伝える大切な話です。その物語の最初に、お釈迦様が最初に説いた「四諦」が見える。仏教徒には、たまらない始まりなのです。

義勇に鱗滝を訪ねるよう言われた炭治郎は、一度家に帰ります。そして、惨殺された家族をきちんと埋葬し、手を合わせ旅立ちます。

それは、この旅が長いものになることを表しており、志《こころざし》半ばでは家には戻らないという炭治郎の決意でしょう。そして、禰豆子に「行くぞ」と言って、その手を握り駆け出します。

幸せだった時の思い出のつまった家との決別。このシーンは仏教でいうところの出家です。世俗の幸せを離れ、根源的な苦の解決を求める求道の第一歩を駆け出す。しかも禰豆子という鬼（＝煩悩）を抱えたまま。ここから物語が始まるのです。

『鬼滅の刃』は「苦」から始まります。

そして、仏教もまた、この世界を「苦」であると認識することから始まります。そのため、どうしても仏教には暗いイメージがつきまといますが、仏教のありがたいところは、そんな苦しい世界において、**それを解決していく方法があることを示してくれる**ことです。

世界はこんなに苦しいけれど、解決していく道はきっとある。月並みな言葉ではありますが、仏の教えというのは、この苦しい世界での希望なのです。

そして、仏道を歩むというのは、その希望に向かって歩くということです。だから、私は『鬼滅の刃』第1話の最後のコマが大好きです。炭治郎と禰豆子が向かう先は真っ白に光り輝いています。炭治郎の背中に、仏道という希望に向かって煩悩を抱えながら歩む仏教者の姿を見るのです。

我執

——がしゅう——

「私が嫌いなものは〝変化〟だ」

鬼舞辻無惨が求めるもの、それは不変

「鬼＝煩悩」を裏付けるもの

さて、『鬼滅の刃』の始まり（第1話「残酷」）と、仏教の始まり（初転法輪《しょてんぼうりん》での四諦《したい》）についてお伝えしました。もちろん、それは原作者の意図していないものかもしれません。

しかし、意図していようとしていまいと、そこに仏教性が見えてしまうのがこの『鬼滅の刃』という物語です。溢れ出すような仏教的エッセンスがあります。そして、一度触れてしまうと、あらゆるところに仏の教えを見いだせてしまうのも仏教の面白いところです。

しかし、これらの大前提となるのは、先に述べた「鬼＝煩悩」であるということ。これが崩れると、全てはただの言いがかりです。ですから、もう少し作中の「鬼」について考えてみたいと思います。

「鬼」について考える時、外してならないのは鬼舞辻《きぶつじ》無惨《むざん》です。無惨様（以下、無惨と呼びます）は全ての鬼の始祖であり、諸悪の根源。鬼を殺すためだけに組織された鬼殺《きさつ》隊《たい》の存在理由はこの無惨を倒すことです。人々に危害を加える鬼たちは、無惨の血を与えられることによって生まれたものです。

ですから、「鬼＝煩悩」であるというのであれば、当然のこと、無惨と煩悩がつながらなくてはなりません。そして、それが滅せられるべきものであることを、仏教が言っていなければなりません。

仏教、当時の「当たり前」に異をとなえる

宗教には、それが説かれた当時の思想の流れというものがあります。新しく生まれ

た宗教の多くは、その当時主流だった思想に対して、別の視点をもっています。そしてそれが、その宗教の主義となり、特徴となります。ですから、宗教を見ていく時は、その当時の思想の流れも見ていかなければなりません。

仏教は今から約2500年前、インド北部で生まれたお釈迦様によって開かれた宗教です。その当時、インドで信仰されていたのはバラモン教という宗教でした。厳密に言うと、バラモン教という言い方は後の人が付けた分類上の名前で、「ヴェーダ」と呼ばれるインドの宗教文書に基づいた信仰を指したものです。現在、インドの主な宗教はヒンドゥー教ですが、ヒンドゥー教はバラモン教がもとになった宗教です。

バラモン教と仏教の大きな違いは「我《が》」のとらえ方です。

バラモン教では、私たちの生命には根源となるようなもの、いわゆる〈霊魂〉や〈生気〉のようなものがあり、それが生まれ変わって次の生命になる。いわゆる輪廻転《りんねてん》生《せい》を繰り返していくと考えられています。人は死んだ後に身体から本体みたいなものが出ていって、それが次の身体に生まれ変わるということです。

そして、生きている間にどのような行い（業《ごう》）をしたかによって、次の世でどんなものに生まれ変わるかが決まります。この**生まれ変わる生命の根源のような〈霊魂〉や〈生気〉をアートマンと言い、漢字では「我」と訳されました。**

この「我」の考えを根拠に生まれたのが、カースト制度です。カースト制度は、現代のインドで、今でも受け継がれる身分制度です。

カースト制度における身分は、生まれながらにして決まっていて、一生変わることはありません。それは、前世の行いによって現世の善し悪しが決まるからです。尊い身分に生まれた者は尊い「我」の持ち主で、卑《いや》しい身分に生まれた者は卑しい「我」の持ち主。生涯「我」は変わることがないから身分も変わることがないと考えるのです。

現世の状況を前世での行い（業）の結果として引き受けて、できるだけ来世で良い環境に生まれるように善い行いをしましょうというのです。とても分かりやすい考え方で、人が善いことを行うべき理由の一つになっています。

しかし、これによって奴隷の子は奴隷、バラモン（バラモン教の司祭のことでカースト制度の最高位）の子はバラモンといった身分の固定化が起こりました。身分には貴賤《きせん》や上下が生まれますので、様々な差別の温床となってきました。名目上はカースト制による差別は禁止されていますが、今でもインドにはその影響が色濃く残っており、様々な弊害を生んでいます。

一方、**仏教は不変なる実体である「我」を否定**します。仏教は、同時期に成立し始めたバラモン教の経典「ヴェーダ」に異をとなえる存在だったのです。仏教も輪廻転生のような考えはもっていますが、不変の実体としての「我」を認めていません。

ですから、カースト制度についても否定し、お釈迦様は**「人は生まれによって尊いのではなく、その人の行いによって尊い」**と言っています。現代の私たちからすれば、当たり前のことのように思えますが、当時の人たちにとってはカースト制度のほうが当たり前だったのです。

あらゆるものは変化している

では、仏教はなぜ「我」を否定したのでしょうか。

それを知るには、仏教の基本理念である「諸行無常《しょぎょうむじょう》」と「諸法無我《しょほうむが》」を知る必要があります。

まず、**「諸行無常」は「あらゆるものは変化している」という考え方**です。**諸行というのは、「縁」によって起こる現象のこと**です。この「縁」もまた仏教の大切な考え方の一つなので、後の章で説明しようと思いますが、今のところは「関係性」とでも思っておいてください。

仏教は、あらゆるものは相互関係の中で、影響を与え、また影響を受けつつ存在すると考えます。そうやって存在する現象のことを「諸行」と言います。大雑把《おおざっぱ》に言うと、この世で起こる「あらゆるもの」という意味です。

その「諸行」が「無常」であるというのです。「常」というのは常《つね》であるもの、つまり「変化しないもの」のことです。それが「無い」というのですから「変化しないものは無い」となります。つまり、「変化する」ということになります。

少しややこしい言い回しですが、要するに「あらゆるものは変化する」ということになります。そしてそれは、過去現在未来においても続きます。

仏教は、全てのものは互いに影響を受け合うことによって変化し続けているのだ、と世界をとらえているのです。

理屈はさておき、「あらゆるものは変化している」というのは感覚的にも経験的にも分かりやすいと思います。

例えば、今皆さんが開いている本は変化するでしょうか？

本を閉じて机の上に置いても動き出すことはありません。じっとしているので、一見すると変化していないとも見えます。

しかし、これが100年経ったらどうでしょう。この本は変色して、さらに年代が進めば風化という影響を受けてボロボロになります。まぁ、その風化が起こる前に誰かが片づけると思いますが、いずれにせよ変化が起こるはずです。

では、その変化はある日突然訪れるのかというとそうではなく、絶えず変化し続けています。ただ、その変化はわずか過ぎて、私たちには分からないだけで、本は変化し続けている。そして、その本の変化も、大きな視点で見れば、「この世界にある1冊の本が変化した」という世界の変化とも言えます。変化によって変化が生まれる。世界は変化の真っ只中にあって、あらゆるものは変化し続けているのです。

このように、**「あらゆるものは変化している」ということを前提に、仏教はこの世界を考える**のです。いやいや、「私たちの愛は不変よ！」という方もおられるかもしれませんが、人の心ほど変わりやすいものはないですよね。

「あらゆるものは変化している」というものの見方を、「無常観《むじようかん》」と言いますが、この「無常観」は日本の文化に大きな影響を与えています。

例えば、『平家物語』には「祇園精舎《ぎおんしようじや》の鐘の声　諸行無常の響きあり　沙羅双樹《さらそうじゆ》の花の色　盛者必衰《じようしやひつすい》の理《ことわり》をあらわす」という言葉が出てきます。『平家物語』は、栄華を誇った平家がどんどん衰退していく様を著《あらわ》した作品ですから、まさに世の変化を表現した作品です。

他にもひらがなを重複させずに作られた「いろは歌」も無常を著したものですし、日本人が桜を好むのも、散りゆく花に無常を感じるからとも言われています。あらゆるものは変化していくという仏教の見方は、四季に敏感な日本では理解しやすい考え方だったのかもしれません。

私はいったい何もの?

この**諸行無常を踏まえて出てくる考え方が「諸法無我」**です。この諸法無我の諸法というのは先ほどの諸行と同じく、「あらゆるもの」と理解してください。厳密には少し違うのですが、ここではそのような理解をしておいて結構だと思います。

その諸法には「我」が無いというのがこの諸法無我です。先ほども述べましたが、「我」というのは変化しない実体のことです。分かりにくいところなので「私」を例にして説明します。

さて、私とはいったい何なのでしょうか?

筆者はこれを書いている時点で45歳ですが、私にも幼い時がありました。しかし、今の自分とは全く違う姿形をしています。今はくたびれたオッサンですが、幼少期の写真を見るとかわいらしい少年です。

では、このくたびれたオッサンとかわいらしい少年は、どちらが私でしょうか。

どちらも私です。しかし、どう見たって全く別物です。過去の自分を現在に連れてきて並べることはできませんが、外見ではとても同じものとは思えません。内面だってそうです。あまり頭の中身は変わっていないかもしれませんが、それでも少しは大人になったつもりです。とても同一のものとは言えません。

こうやって数十年の年月を経ると変化も分かりやすいですが、これをもっと短い時間で見てみても同じです。昨日の私と今日の私もまた違います。髪は伸びているでしょうし、体調も気分も違います。体を構成する細胞も、その種類にもよりますが、多くが短期間で入れ替わるとも言われています。

では、以前の私と今の私はどちらが本物の私でしょうか。

どちらも私でありますが、どちらが本物とは言えないのです。仏教では時間の最小単位を「刹那《せつな》」と言いますが、その刹那においてもほんのわずかではありますが変化しています。わずかの変化なので「まぁ、だいたい同じ」とも言えますが、厳密に考えた場合は違いますよね。同じようであって、同じではない。

では、私はいったい何なのでしょう。

「私は松﨑智海です」と名前を言っても、それは誰かが生活をするうえで付けた名前でしかありません。芸能人が仕事上で別の名前を使う時と同じように、そのほうが便利だから付けただけのものです。多くの方が名乗る名は、誰かが付けてくれた名前ですが、変えることもできます。

私がいくら「松﨑智海」だと名乗っても、周囲がそれを認めず、明日から世界中の人が私を別の名前で呼べば、私は「松﨑智海」ではなくなります。私という存在を識別するために用いている呼称でしかありません。

名前は私を表すものではありますが、私そのものとは言えません。私というものを固有名詞だけで説明することはできません。

また私たちは、何と関わるかによっても変わっていきます。例えば、筆者は長男なので弟妹の前では兄ですが、親の前では子になります。我が子の前では父親ですし、妻の前では夫になります。門徒さんの前では住職ですし、かつて教員だった頃は先生でした。何と関わるかによって私は変わっていくのです。

また、私は生まれた時から父であったわけではなく、子が生まれた瞬間に父になりました。もし、子が生まれてくれなかったら、私は父にはなっていなかったのです。

同じように、妻がいてくれるから夫であり、弟妹がいるから兄であり、門徒さんがいるから住職であり、生徒がいるから先生なのです。その立場そう考えると、私の立場は何一つ私自身で作り上げたものはないのです。その立場も何と関わるかによってコロコロと変化します。

さて、**本当の私はいったいどれなのでしょうか。**

考えれば考えるだけ分からなくなっていきますが、**仏教の答えはシンプル**です。その答えは、**「何ものでもない」**です。私の本性や、実体なんてものは、そもそも無いんだというのが仏教の答えです。

世界は常に変化しています（諸行無常）。当然、そのうちの私も変化をし続けています。**全てが常に変化している世界では「これが私だ！」と言えるような、不変の実体は存在しないのです。これを「無我」と言います。**そしてそれは私だけでなくあらゆるものも「無我」であると説くのです。

仏教の教えのベースとなる3つの要素

他の存在と全く関係性をもたず独立して存在するものを、仏教では「自性《じしょう》」と言いますが、あらゆるものが、関係し合って存在すると考える仏教には、そういったものはありませんので**「無自性《むじしょう》」**と言います。

この**「無自性」を別の言い方で表したのが「空」**です。空（そら）ではなく空（くう）と読みます。**「空」もまた「無自性」と同様に、関わりによって生まれる世界のあらゆるものに、本性や実体は無いという考え**です。

日本で一番有名なお経である『般若心経《はんにゃしんぎょう》』の中に、「色即是空《しきそくぜくう》　空即是色《くうそくぜしき》」って出てくるの知りませんか？

「色」は分かりやすく言うと物質です。「色即是空」とは、「物質（＝色）はすなわち（＝即）これ（＝是）実体が無い（＝空）」という意味になります。

まさに、世界は空だと言うのです。でも、実際はありますよね。この本だって、それを読んでいる自分自身だって、ここにあります。

三法印

諸行無常《しょぎょうむじょう》：あらゆるものは変化する
諸法無我《しょほうむが》：あらゆるものに不変の実体は無い
涅槃寂静《ねはんじゃくじょう》：煩悩のない悟りの境地は、安らかな世界

仏の教えには、この３つの要素が含まれる

しかし、それは実際は無いものをあるように心が認識しているだけだというのです。無いものをあるように認識しているから「実体が無いところから物質はありうる」となるのです。これが「空即是色」。

あるようで無い、無いようである。この世界は「無自性」であり、「空」である。だから、**変化しない実体（＝我）なんてものは無い**のです。これが**「無我」**です。**この世界のあらゆるものは「無我」**なのです。だから**「諸法無我」**なのです。

この**「諸行無常」「諸法無我」の2つに、さらに「仏の境地は安らかな世界である」という「涅槃寂静《ねはんじゃくじょう》」**を加えて**「三法印《さんぼういん》」**と言

います。**仏の教えには、必ずこの3つの要素が含まれています。**ですから、お釈迦様が亡くなられた後、説かれた教えが本当にお釈迦様によるものであるかを判断する基準になりました。

「法印」とは「旗印」という意味で、これは仏教ですよという目印になるものです。「三法印」は仏教を学ぶうえで大切な基本理念です。

「変化しない自分」を求める先にあるもの

しかし、どう考えても自分も含めたあらゆるものに実体が無いなんて考えられないし、自分が何ものでもないなんて、信じられません。

自分が何ものであるかを求め、その何ものかになるために私たちは日々努力をし、そこに生きがいを感じてしまいます。そういった「我」を求め、「我」にこだわり執着することを「我執《がしゅう》」と言います。**「これが私だ!」という変わらない私に固執することです。**

しかし、常に変化する世界の中で、変化しない自分を求めるのですから、これは大変苦しいことなのです。

いつまでも若くいようとアンチエイジングに励む妙齢《みょうれい》の女性。お金持ちになりたくて、もしくはお金持ちのままでいるために働く労働者。

もちろん、その努力は否定しませんし、素晴らしいことですが、それが行き過ぎてしまうと苦しみが生まれます。

「こんなにお金をかけているのに」「こんなに努力をしているのに」と。うまくいっている時（順境）は、それを「手放したくない」という思いが、うまくいかなくなった時（逆境）は、「なぜ手に入らない」という思いが生まれます。

自分は**こうあり続けなければならないという思いは自分自身を苦しめることになります。「我執」は苦を生む**のです。

仏教では、不変の実体があるという「我」の意識は勘違いであり、その勘違いである**「我」にとらわれる「我執」が煩悩を引き起こして、苦しみ迷う**と考えます。

「煩悩」をいかに滅していくかが仏教ですが、その根元は「我執」であり、「我執が煩悩を生む」のです。

鬼舞辻無惨は、「我執」の塊！

さて、ここでようやく無惨が出てきます。

この無惨ですが、まさに「我執」の権化《ごんげ》、「我執」の塊《かたまり》と言える存在です。なぜなら、無惨は徹底的に「我」に固執しているからです。そのことがよく分かるのが、12巻第98話の上弦《じょうげん》の鬼（無惨に選別された12名のうち、上位6名の鬼たち）が、無惨の本拠地・無限城《むげんじょう》に召集された時です。

まだ確定していない情報を報告しようとした玉壺《ぎょっこ》（上弦の伍《ご》の鬼）の頸《くび》を斬って、「私が嫌いなものは〝変化〟だ　状況の変化　肉体の変化　感情の変化　凡《あら》ゆる変化は殆《ほとん》どの場合〝劣化〟だ　衰えなのだ」

と言っています。変化を劣化や衰えととらえ、変化が嫌いだと言うのです。

そして、はっきりと「私が好きなものは〝不変〟」と言っています。つまり、**無惨は変化したくない**のです。

また、16巻第137話で鬼殺隊の本部である産屋敷邸《うぶやしきてい》に乗り込んだ時に、鬼殺隊リーダーの産屋敷耀哉《かがや》から「君は永遠を夢見ている…　不滅を夢見ている…」と言われます。それに対して、無惨は「その通りだ」と答え、がっちりと変化を嫌い、不変を求めていることを認めています。

つまり、**無惨は不変の存在、つまり「我」（＝永遠不変の実体）というものを手に入れようと固執している**のです。無惨がなぜ1000年にもわたり鬼を増やし、無数の人間を殺してきたのか。

その理由は何としても不変の「我」を手に入れたかったからです。そのためだけに生きてきた。無惨は生きることだけに固執している生命体。まさに「我執」の塊のような存在なのです。

ですから、無惨の分身とも言える他の鬼たちも、みんな何かに固執しています。あるものは弟への嫉妬《しっと》に、あるものは女性に、あるものは強さに、あるものは家族に……。それぞれ固執しています。

そして、その固執の強さと、鬼の強さは比例関係にあります。下級の鬼は、自分が何に固執していたのかを認識しておらず、鬼狩りに頸を斬られて滅んでいく時に思い出すくらいですが、上弦などの上級の鬼になると、はっきりと自分が何に固執してい

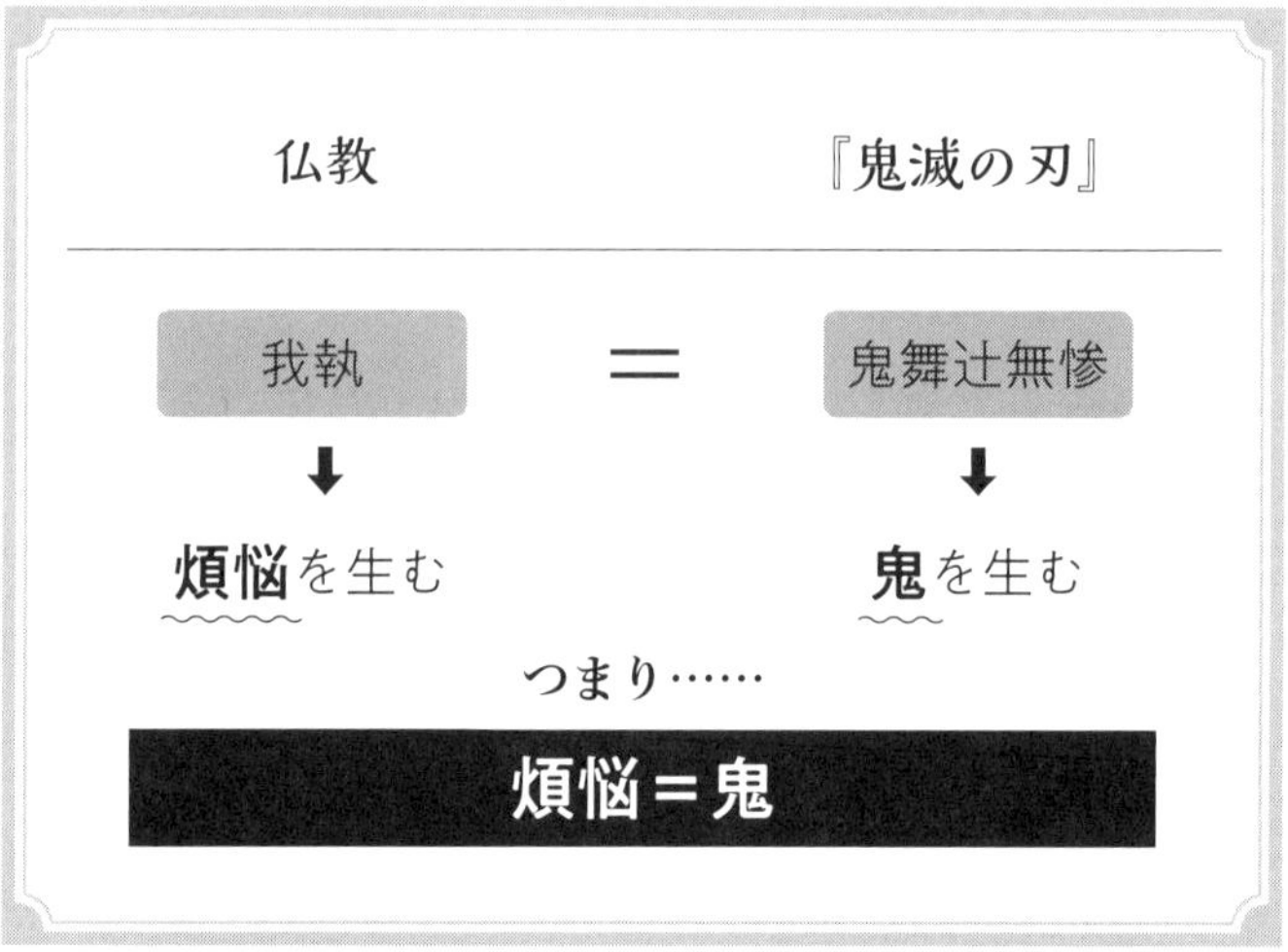

るのかを理解しています。自己への固執、すなわち我執が明確であり、その強さが鬼自体の強さにも比例しているのです。

仏教では「我執」は「煩悩」を生み、『鬼滅の刃』では「無惨」は「鬼」を生みます。

仏教的な視点から見ると、無惨は「我執」そのものですので、「無惨」から生まれた「鬼」は「煩悩」と言えるのです。これが『鬼滅の刃』を仏教的に読んだ時、「鬼＝煩悩」になるという理由です。

猗窩座がどんなに努力しても辿りつけなかった場所

煩悩は苦しみを生みます。だから、鬼たちは苦しむのです。仏教ではこの世界が「無我」であることを自覚し、**「我」にとらわれない心をもつことが、真理・真実に目覚める道**、すなわち**苦しみから離れた仏に成る道である**と説きます。

この**「無我の境地」こそが仏の世界**なのです。戦うこと以外の全てを捨てた、上弦の参《さん》の猗窩座《あかざ》が求めた至高の領域は、この「無我の境地」でした。鬼となり、強さだけを求めながらも辿《たど》りつけずにいた境地です。しかし、「無我の境地」とは「我」から離れた境地です。「我執」から生まれた鬼は正反対にいます。

だから、猗窩座はどんなに努力しても辿りつけなかったのです。つまり、努力の方向性が最初から間違っていた。仏教からすれば猗窩座が鬼になった時点で、猗窩座の目指す場所には届かないことが確定していたのです。そのことが、また猗窩座を苦しめるのです。

鬼の始祖である無惨もまた、例外ではありません。無惨はすごく威張っていますが、決して幸せそうではないですよね。いつもイライラしていますし、顔色が悪そうだと言われるだけでキレます。思い通りにいかない現実にいつも悩んでいます。

しかも、千年余りもの間ずっとです。強大な力をもちながらも、どこか悲しくて哀《あわ》れな存在なのです。敵のボスって結構人気が出るものですが、無惨はネットでも散々な言われようで全く人気がありません。救いようのない存在です。

しかし、無惨（＝我執）が、徹底的な悪で絶対的に滅すべき存在として描かれている。そして、最後にはそれが滅することができている。そういうところにも、この作品の仏教味を感じるのです。

釈尊1
—しゃくそん—

「刃」

最強の剣士・継国縁壱が生まれた理由

鬼を倒すのに欠かせないもの

さて、ここまでで述べたのは「鬼滅」の部分です。次は「刃」についてお話ししようと思います。この物語は鬼を倒す物語ですから、「刃」とは鬼を倒す方法です。

体が無限に再生する鬼を倒す方法は限られていて、

①鬼が陽《ひ》の光を浴びる

②日輪刀《にちりんとう》と呼ばれる特別な刀で頸《くび》を斬り落とす

この二つです。

例外的に、鬼でありながら炭治郎《たんじろう》たちを援助する珠世《たまよ》と、胡蝶《こちょう》しのぶ（鬼殺隊《きさつたい》の柱《はしら》の一人）の薬を用いる方法がありますが、鬼の頸を落とす力のある鬼狩りたちは、主に①と②を用いて鬼を倒してきました。

①、②ともに「陽の光」が関わってきます。①はそのままですが、②の日輪刀は、陽光山《ようこうざん》でとれる〝猩々緋砂鉄《しょうじょうひさてつ》〟〝猩々緋鉱石《ひこうせき》〟と呼ばれる鉱石を原料とした、陽の光を吸収する鉄でできています。この陽光山は曇らないし、雨も降らないと言われています（2巻第9話）。

つまり、陽の光のエネルギー（？）をたくさん含んだ刀が日輪刀です。それ以外の方法では、鬼は頸を落としても再生してしまいます。この日輪刀がなければ夜間に活動する鬼を倒すことはできませんでした。ですから、日輪刀の発見は鬼を倒すうえでの大きな進歩をもたらしたと思われます。

継国縁壱のモデルは、お釈迦様!?

だからといって、鬼が容易に倒せるわけではありません。確かに、日輪刀は鬼の弱点ではありますが、鬼は人間の身体能力を遥かに上回るうえ、血鬼術《けっきじゅつ》と呼ばれる特殊能力を備えたものもいます。一撃で頸を落とせればいいのですが、失敗すれば回復してしまいますし、頸そのものが恐ろしく硬い鬼もいます。

そこで、鬼の攻撃を避けながら、頸を落とせる間合いまで近づき、一気に落とすだけの身体能力が必要とされます。それは、通常の人間ではありえないことなので、特別な技術を用います。

それが〝呼吸〟と呼ばれる体術です。この〝呼吸〟を使うと、人間のまま鬼のように強くなれます。肺を大きくし、血中に多くの空気を取り込むことによって、一時的に(上級者は常時)肉体の能力を高めることができます。鬼殺隊の多くはこの呼吸を体得しており、日輪刀と呼吸を合わせることで初めて鬼の討伐が可能となります。

その〝呼吸〟を初めて編み出したのが、最強の剣士〝継国縁壱《つぎくによりいち》〟です。日の呼吸を使い、無惨をして「本当の化け物」と言わしめた、作品中最強のチートな存在です。**『鬼滅の刃』を仏教的な視点から読みますと、この縁壱は「お釈迦様」に見えてきます。**

お釈迦様は、仏教の開祖です。その仏教の開祖が〝呼吸〟の始祖である縁壱のモデルではないかと思えるほどです。なぜそう思うか――。それはお釈迦様と縁壱に共通点が多いからです。

お釈迦様と縁壱をつなぐ12の共通点

互いに、「呼吸の始まり」と「仏教の始まり」という「始まり」つながりだけでなく、その環境や言動にも共通点が見られるのです。私が気づいたものを紹介します。

1 幼くして母を亡くす

お釈迦様の実母のマーヤーはお釈迦様が誕生されてから1週間ほどで亡くなられています。原因ははっきりとは伝えられていませんが、里帰り出産の旅の途中、屋外で出産されたことが母体に障《さわ》ったのかもしれません。その後は叔母のマハープラジャーパティーに育てられています。

一方、縁壱も幼い頃に母を亡くしています。かたや生後1週間、かたや幼少期と時期的なずれはありますが、幼い時に母を亡くすということは互いの人生に多大な影響を与えたものと考えられます。

2 家柄

当時インドで信仰されていたバラモン教の宗教的身分制度であるカースト制度には大まかに言うと4つの階級があり、上から、バラモン、クシャトリヤ、ヴァイシャ、シュードラという身分に分けられます。バラモンはバラモン教の司祭、クシャトリヤは王族や武士、ヴァイシャは商人などの一般市民、シュードラは奴隷です。この中で、お釈迦様の階級は王族ですのでクシャトリヤです。

そして、縁壱もまた武家の生まれです。カースト制度にあてはめるとクシャトリヤになります。お釈迦様も縁壱も支配階級に生まれています。

3 囚われて育つ

お釈迦様は小国といえども一国の王子としてかなり贅沢《ぜいたく》な暮らしをしていたようです。一方、縁壱はかなり不遇な幼少期（本人はそうは思っていないが）を過ごしています。武家である継国家に生まれた縁壱は、当時は不吉とされた双子だったため、物置のような三畳の部屋で軟禁に近い生活を強《し》いられていました。この二人の環境は正反対のように思いますが、意外とそうではありません。

お釈迦様の父シュッドーダナ王はどうしても我が子を王様にしたかったため、周囲を快楽で満たし現実離れした生活を送らせていました。結果として、父王の画策は裏目に出て、快楽に虚《むな》しさを感じたお釈迦様は家を出ることになります。

家を出るきっかけとなった出来事として「四門出遊《しもんしゅつゆう》」というお話があります。このお話の中で城を出たお釈迦様が老人や、病人、葬列を見て、付き人に「あれは何だ？」と聞く場面があります。ということは、老人や、病人、死者についてお釈迦様が知らなかったということになります。このことから、外の世界に対しての情報をかなり制限されていたと思われます。

できるだけ外の世界に興味をもたせないようにして、王の位を継がせることは、父王の意図的なものだったと考えられます。城内と三畳の部屋とでは広さに大きな違いはありますが、ともに制限された囚《とら》われの幼少期を送っていたと見ていいと思います。

4　父が占いを信じる

お釈迦様の父シュッドーダナ王がなぜここまで息子を囲い込もうとしたのか。その理由は仙人の占いにあります。お釈迦様が誕生してすぐにアシタ仙人という高名な占い師に子どもの将来を占わせました。インドでは古くからそのような風習があったようですが、アシタ仙人に「家にあれば偉大な王になり、家を出れば人々を救う聖者になる」と予言されました。この言葉が後の父王の行動に影響を与えたようです。

一方で縁壱の父もまた、「験担《げんかつ》ぎをよくする人」だったようです（21巻「戦国コソコソ話①」）。「足袋《たび》は右から履《は》くとか、食事をする時は最初にこれから食べるとか、風水など、そういったものを気にする人」でした。そんな気質もあってか双子を忌《い》み子として扱い、殺そうとまでしました。

お釈迦様も縁壱も、最終的には家を出ていきます。そのきっかけを作ったのは、どちらも占いや迷信を信じる父親の気質でした。

5　武芸に秀でる

縁壱は、作中で最強の剣士です。

同じくお釈迦様も王族として武芸をたしなみ、なかなかの腕前だったそうです。お釈迦様は相撲《すもう》が強かったと伝えられていますので、フィジカル面も充実していたようです。武芸の中でも得意だったのは弓の扱い。お釈迦様はヤショーダラーという女性と結婚していますが、器量よしのヤショーダラーをめぐって、男どもが武術大会でその恋人の座を競い合ったそうです。その武術大会で得意の弓術の腕前を発揮し、優勝してヤショーダラーと結婚しています。実はお釈迦様は強かったのです。

6 家を出る

仏門に入門することを出家と言いますが、現在のお坊さんが出家するのは、お釈迦様が社会生活を離れた場所で修行をすることを勧めたからです。

お釈迦様自身も、王子という立場を捨てて家を出ています。王位継承権第1位の王子が「家を出ます」と言っても、当然「はいどうぞ」とはなりません。

お釈迦様は、家を出る時は周囲が寝静まった頃合いを見計らい、愛馬とお付きを一人連れて、夜中にこっそりと城を出ます。そして、十分にお城から離れたところで自分の全ての装飾品をお付きの人に渡し、目的を達成するまで帰らないことを言付《ことづ》けして城に帰します。

同じように、縁壱も家を出ています。母を失ったことをきっかけに、兄にだけ別れを告げて夜中にこっそりと家を出ます。

7　太陽の末裔

お城を出たお釈迦様は、理想の師匠を求めマガダ国の首都ラージャグリハに行きます。そこで、マガダ国王ビンビサーラに出会います。街で見かけた修行者の気高さに、只者ではないと感じたビンビサーラ王は、家来に後をつけさせてパンダヴァ山にいることを突き止めます。パンダヴァ山に向かったビンビサーラ王は、気高い謎の修行者の素性を聞くのです。

お釈迦様は自分が釈迦国の王族であることを打ち明けるのですが、その際自らを「太陽の末裔《まつえい》」と名乗っています。インドには太陽を崇拝する王族があったようですが、お釈迦様の出身である釈迦族はその流れであったようです。

縁壱の双子の兄である巌勝《みちかつ》（黒死牟《こくしぼう》）は縁壱のことを「全てを焼き尽くす程強烈で鮮烈な太陽の如《ごと》き者」と感じていたようです（20巻第177話）。日の呼吸の剣士と太陽の末裔の王子。ただならぬつながりを感じます。

8 修行の方法

大都会ラージャグリハで修行の師匠を探したお釈迦様は、有名な二人の仙人に師事しますが、あっという間に師匠を超えてしまい、逆に弟子にしてほしいと言われるほどでした。

それでも、満足な境地に至ることのできなかったお釈迦様は、自分一人で修行することにします。その際、行った修行が、苦行と呼ばれる自分の体を痛めつける修行方法でした。当時のインドでは苦行はオーソドックスな修行方法で、主に断食、減食、瞑想《めいそう》がありました。

その他に特徴的なものとしてお釈迦様は、「息を止める修行」をしたと言われています。長時間にわたり息を止め続けると、逃げ場を失った息が耳から出入りする音が聞こえ、しばらくすると頭の中を革ひもで打たれるような激痛が走り、さらに進むと体が熱くなり炭火の中に放り込まれたような感覚がしたと伝わっています。

一方、鬼殺隊の訓練にも、呼吸を制御する修行方法があります。全集中の呼吸を四六時中行うことによって基礎体力が飛躍的に向上する「全集中・常中《じょうちゅう》」という技。これを炭治郎が会得するため全集中の呼吸を長く行った際、「苦しすぎる　肺痛い耳痛い耳がドクンドクンしてる鼓膜…」と言って耳から心臓が出たのではないかと錯覚する場面があります。お釈迦様の修行の様子とよく似ています。

また、「瞑想は集中力が上がるんだ」と言って、屋根の上で瞑想を行っています（6巻第50話）。縁壱が編み出した呼吸もまた、呼吸の制御や瞑想によって得られるものなのです。

9　5人の弟子

お釈迦様には5人の修行仲間がいます。そして、この5人の修行仲間がお釈迦様の最初の弟子になりました。この5人の素性ははっきりと分かっていませんが、一説によると息子であるお釈迦様を心配した父王シュッドーダナが遣わした家来ではないかとも言われています。最終的にお釈迦様の弟子になるこの5人ですが、修行の途中で苦行をやめてしまったお釈迦様を追い出しています。

一方、縁壱が呼吸を教えた人数ははっきり分かりませんが「柱と呼ばれていた剣士たちは優秀で元々使っていた炎・風・水・雷・岩の剣術の型に（後略）」（21巻第186話）とあり、当時の柱が型に対して一人であるとすれば、こちらも5人ということになります。この5人もまた、無惨を仕留めそこない、珠世を逃がし、兄が鬼になった縁壱を責めて鬼殺隊から追い出しています。

10　親族が闇堕ち

多くの少年漫画にはライバル関係が存在しますが、縁壱に関しては、ほぼ無敵状態なのでライバル視するような存在はいませんでした。しかし、縁壱をライバルと思っていた者はいて、その代表格が縁壱の双子の兄である継国巌勝《みちかつ》です。兄は弟へ「頼むから死んでくれ」と願い、その執着から最後は弟を超えるために鬼になったほどです。鬼となった巌勝は黒死牟《こくしぼう》と名乗り、無惨の次に強い鬼、上弦《じょうげん》の壱《いち》となり、悪に堕《お》ちてしまいました。

お釈迦様にも同じような敵役が親族にいて、その名をデーヴァダッタと言います。こちらはお釈迦様のいとこにあたるのですが、教団のリーダーになるため、教団を分裂させようとしたり、お釈迦様を酒に酔わせた象に襲わせて殺そうとしたりしました。最後は自らの爪に毒を塗り、自力でお釈迦様を倒そうとしますが、毒爪が自らに刺さり失敗。無間地獄《むげん》（地獄の最下層）に生きながらにして堕ちたと言われています。

お釈迦様を殺そうとした大罪人のデーヴァダッタですが、実のところは規律の緩かったお釈迦様の教団を厳格な規則生活の教団に変えようしていたのではないかとも言われています。

巌勝が縁壱に、自分たちに匹敵する実力者がいないため、呼吸術の継承を心配してたずねる場面があります（20巻第175話）。巌勝は、鬼殺隊の組織の存続を心から心配していたのだと思います。楽観的に笑う縁壱を、巌勝は「気味の悪さと苛立《いらだ》ちで吐き気がした」（20巻第176話）と回想しています。

デーヴァダッタもお釈迦様にそんな感情を抱いていたのかもしれません。

11　80歳で亡くなる

多くの人々を導いてきたお釈迦様ですが、80歳で亡くなられます。死因は食中毒による腹痛。食中毒の原因になったものは諸説ありますが、キノコだったのではないかというのが有力な見方です。そのキノコ料理を食べたせいで、激しい腹痛と下血をともなう下痢を起こし、それが死因となりました。お釈迦様が亡くなられたのは2月15日。お釈迦様が亡くなられることを入涅槃《にゅうねはん》と言います。

一方、縁壱の死は、兄の巌勝（黒死牟）との戦いの最中でした。巌勝に圧倒的な力を見せつけながら、最期は老衰で命が尽きてしまいます。その時の年齢は、はっきりとは描かれていませんが「齢《よわい》八十を超えているはず」（20巻第174話）と巌勝が推測しています。お釈迦様と縁壱は人生の長さまで似ているのです。

お釈迦様が亡くなられた様子を描いた涅槃図には、たくさんのお弟子さんたちに加え、動物たちが、横たわるお釈迦様の周囲で悲しむ姿が描かれています。お釈迦様が亡くなられたことは、動物たちにとってもショックだったのです。

そういえば、縁壱もなぜか動物や虫に好かれ、それを奥さんのうたは喜んでいたのだとか。きっと縁壱が亡くなった時も動物たちは悲しんだことでしょう。

12 死後

お釈迦様の死後、マハーカーシャパを中心に弟子たちが集まりミーティングをします。内容は、お互いがお釈迦様から聞いた教えの内容を確認するためです。お釈迦様はその人に合わせて教えを説きました。これを**対機説法**《たいきせっぽう》と言います。

そのため、人それぞれお釈迦様から聞いた話が違うのです。そして、お釈迦様の教えは全て口伝（口頭で伝えること）でしたので、弟子たちの記憶が頼りでした。

そこで、お互いが聞いたお釈迦様の教えを確認する必要がありました。教団の中には、あれこれと口うるさいお釈迦様が死んで、せいせいしたと口にする不届き者までいる始末です。弟子たちの中心人物であったマハーカーシャパは、この状況に危機感を覚え、早急に教団の引き締めを図ったのではないでしょうか。

そこからさらに時代が進み、お釈迦様の教えは、文章化されました。それが今日に伝わる経典です。

経典とは呪文や不思議な言葉が書かれたものではなく、お釈迦様が弟子たちに教えを伝えた言行録なのです。そのため、多くの経典が「如是我聞」という始まりになっています。これは、「かくのごとく我は聞きたり」。つまり、「私はお釈迦様からこのように聞きました」という意味なのです。

同じように鬼殺隊も縁壱の死後は、その組織力は弱くなっていったようです（21巻「戦国コソコソ話②」）。おそらく、縁壱が死ぬまで姿を現さなかった無惨と、縁壱に殺されかけた黒死牟によって徹底的に命を狙われていきます。狩る側と狩られる側が入れ替わりました。

そんな中で、細々と次の世代に呼吸法をつないでいくことは大変な苦労だったと思います。作中には、炎柱《えんばしら》の記録書が出てきます。自分の無力感にさいなまれた煉獄槇寿郎《れんごくしんじゅろう》（煉獄杏寿郎《きょうじゅろう》の父）によって、ビリビリに破かれてしまいますが、次世代にこの教えを残したいという思いが、記録書を生んだのではないでしょうか。縁壱の言行録、それは鬼殺隊の経典だったのではないでしょうか。

以上のように、お釈迦様と縁壱の生涯や境遇には多くの共通点があります。それぞれが自ら家を出て、生きる目的を見つけています。縁壱は無惨と初めて対峙《たいじ》した時、「出会った瞬間に私はこの男を倒す為に生まれて来たのだとわかった」（21巻第186話）と言っています。

煩悩を滅することを、生涯最大のテーマにされたお釈迦様に通じる生き方です。

釈尊2

—しゃくそん—

「縁」

世代を超えてつながる想い

「縁起」はお釈迦様の根本原理

前章で紹介したものだけでなく、この継国縁壱《つぎくによりいち》というキャラクターにはたくさんの仏教的要素が見えてきます。

縁壱という名前もその一つです。20巻「大正コソコソ話」に、縁壱の名前の由来が書かれています。母が付けたその名前は「人と人との繋《つな》がりを何より大切に」との願いが込められています。つまり、「縁が一番」ということです。

この〔縁〕は諸行《しょぎょう》無《む》常《じょう》のところで出てきましたが、仏教の基本的な考え方の一つです。〔縁〕というと「縁結び」「縁切り」「縁起がいい、悪い」「縁日」など……。どちらかというと神社を想像する方もおられると思います。しかし、この〔縁〕というのはガチガチの仏教用語です。

仏教の最も重要な考え方の一つに「縁起」があります。これは、**この世界がどうやって成り立っているかを説明したもので、お釈迦様は世界のあらゆるものは単独で存在するものはなく、相互に関わり合って存在し、また変化していく**と言われました。これを**「因縁生起《いんねんしょうき》」**と言います。

「因縁生起」の**〔因〕とは直接的な原因**となるものです。その〔因〕**が間接的原因である〔縁〕**と関わることによって全ては生まれ起きるということです。これを「縁起」と言います。

植物を例にとると、植物が生える直接的原因は、その植物の「種」です。しかし、「種」があるだけではその植物は生えません。その「種」に、「水」や「温度」や「空気」という条件が加わることによって発芽します。

だからといって、「水」や「温度」や「空気」の条件だけがそろっていても、肝心の「種」がなくては植物が生えることはありません。「水」や「温度」や「空気」は、発

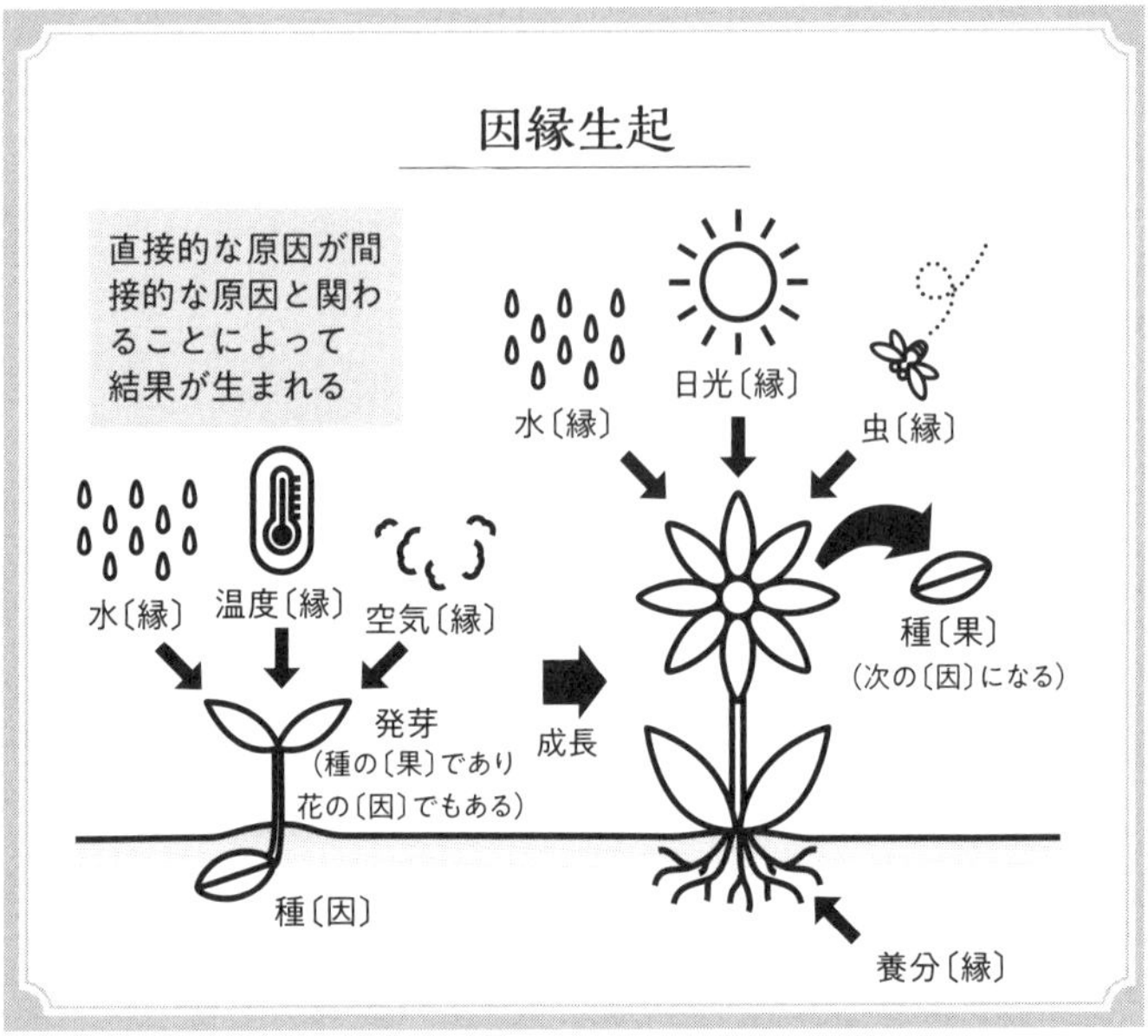

芽するために必要な間接的原因となります。この間接的原因のことを〔縁〕と言います。

さらに、日光や花粉を運ぶ昆虫などの〔縁〕が加わると、今度は「種」ができます。このように〔因〕と〔縁〕によって生まれた結果を〔果〕と言います。そして〔果〕である「種」が、次の発芽の〔因〕となって、また新たな植物が生えるのです。原因があって、それが結果に結びつくことを因果関係と言いますが、その原因と結果を結びつけるものが〔縁〕なのです。

もう一つ例を挙げると、私という存在を〔果〕とした時、その直接的原因である〔因〕は私の両親です。しかし、両親が存在すれば勝手に私ができるかというとそうではありません。両親が出会い、恋愛に至り（私の両親は恋愛結婚でした）、結婚して、私が生まれました。互いが出会い、結ばれるという〔縁〕がなければ私という〔果〕は生まれないのです。そして、私は人の親となり、自分の子の〔因〕となっています。

こうやって、世界のあらゆるものは関係し合って、生まれたり、消滅したりする。その消滅も、全く消えてなくなるのではなく、別の形に変化して存在している。

つまり、**世界は関わりの中で変化を続けながら存在している**、と仏教では考えるのです。

「私がいるからあなたがいる。あなたがいるから私がいる」
「あなたが変われば私も変わるし、私が変わればあなたも変わる」

このようなつながりの中であらゆるものは存在していると考えるのです。

互いが関わり、影響し合っていますので、全てのものは変化します（諸行無常《しょぎょうむじょう》）。その変化するもの同士の関わりの中では不変の実体をもったものはいません（諸法無《しょほうむ》我《が》）。この「縁起」の考えは仏教の根本原理なのです。

それは、お釈迦様が作り出した理屈ではなく、もともとこの世界にある原理原則だというのです。「縁起」はお釈迦様の教えを理解するうえで一番大切な教えの一つです。

「アオイさんはもう俺の一部」を仏教的に解釈すると……

この「縁」という考え方を知ると、理解が深まる場面があります。それは炭治郎《たんじろう》が那田蜘蛛山《なたぐもやま》（下弦《かげん》の伍《ご》・累《るい》の根城）の死闘から戻った後の胡蝶《こちょう》屋敷での出来事。すっかり傷が回復して、いよいよ次の任務に出発する際に、いろいろとお世話になった神崎《かんざき》アオイ（鬼殺隊士）に炭治郎がお礼を言う場面です。「面倒みてくれて本当にありがとう」と言う炭治郎に対して、アオイは礼は不要だと言います。

なぜなら、アオイは鬼殺隊になるための選別で生き残り、隊士となったものの、鬼が恐ろしくて戦いに行けなくなった過去があるからです。そんな腰抜けの自分は礼を言われるような立場ではないというわけです。

それに対して炭治郎は、「そんなの関係ないよ」と言います。なぜなら自分を手助けしてくれたアオイはもう自分の一部だから、アオイの想いは戦いの場に自分がもっていくと言うのです（7巻第53話）。

この**「アオイさんはもう俺の一部」という炭治郎の発言を仏教的に解釈すると、アオイと出会った「縁」によって変わった自分のこと**です。縁によって関わり合い、変化し続ける私たちは、自分とか他人とかの区別に執着しないのです。炭治郎の発言は、自他を分けるのではなく、それぞれが影響を与え合い、支え合いながら私たちは存在しているのだという仏教の考えに通じるものです。

今ある自分は他者のおかげと考えるからこそ、炭治郎は他人を大切にできるのです。そんな言葉を聞いたアオイに風が吹きます。おそらく、それは炭治郎の言葉がくれた縁だと思います。きっと、その縁でアオイも変わっていったのだと思います。

ヒノカミ神楽の12の型は、十二縁起のメタファー

仏教にはこの**「縁」の考え方から、世界の成り立ちを説いた教え**があります。それ

が**十二縁起（十二因縁）**という教えです。お釈迦様はこの世界を「苦」であると説かれましたが、その「苦」がどのようにして生じていくかを12の項目と「縁」によって説明しました。

その12の項目とは、無明《むみよう》、行《ぎよう》、識《しき》、名色《みようしき》、六処《ろくしよ》、触《しよく》、受《じゆ》、愛《あい》、取《しゆ》、有《う》、生《しよう》、老死《ろうし》で、全ての始まりは無明です。無明が縁によって行を生じ、行が縁によって識を生じ……と続き、最後は老死につながります。

そして、その老死はまた生まれ変わりによって次の無明を生じ、苦しみの輪が途切れることなく続くのです。そして、この全ての根源である無明とは「煩悩」なのです。

つまり、**「煩悩」が全ての「苦」を生じている。**逆を言えば、煩悩をなくせば全ての苦は消えて、この「苦」の循環から抜け出すことができるのです。その**「苦」の循環から抜け出すことを悟り**と言い、**悟ったもののことを仏**と言うのです。

この十二縁起で思い出すのが、縁壱の剣技を舞として伝えた**ヒノカミ神楽《かぐら》（竈門《かまど》家に伝わる厄払《やくばら》いの神楽）にある12の型です。**ヒノカミ神楽によって伝わった縁壱の日の呼吸の12の型は、繰り返すことで円環を成すようにできており、それをつなげることが13個目の型です。

つまり、12の型はつながっていると理解することが、無惨《むざん》を倒すための13個目の型を生み出すことにつながるのです。

仏教においては煩悩を滅するためには、無明（煩悩）が「苦」の始まりであり、それが連環しているという十二縁起の道理を知らなければ、無明（煩悩）をなくすことはできません。

それと同じように12の型がつながると気づかないと無惨は倒せないのです。「苦」が生じる十二縁起の道理を理解し、その輪から抜け出すことを、13個目の型は表現しているように思えるのです。

ヒノカミ神楽の13個目の型がつながっていることを炭治郎が理解したのは、22巻第192話です。そのタイトルは「廻《めぐ》る縁《えにし》」です。このタイトルからしてもそれが十二縁起の教えと関わっているように思うのです。

「縁」とはつながりのことです。この作品の大きなテーマの一つは「世代を超えてつながる想い」です。最終巻の23巻のタイトルは「幾星霜《いくせいそう》を煌《きら》めく命」。星霜とは年月や歳月という言葉です。星は1年で1周します。霜《しも》は毎年寒い時期が廻ってきて降ります。この星霜とは1年のサイクルから年月を表す言葉ですから、そのサイクルの中で命がきらきらと輝くというのが最終巻のタイトルです。ここでも円となってつながる縁が表されています。

時間を超え、空間を超えて、つながっていく想いが不滅であり、それが最終的に無惨を倒しました。「縁が一番」という由来をもつ「縁壱」という名は、つながりを信じ続けた縁壱にふさわしい仏教的な名前です。この物語は縁壱と炭治郎たちとがつながる物語であり、仏教もまたお釈迦様と私たちがつながる「物語り」でもあります。

「この世はありとあらゆるものが美しい」

縁壱の世界の視《み》え方は他の人とは違いました。生き物の体が透けて視えるようで、それを「透き通る世界」と表現しています。これが特異なことであることを、妻であるうたによって初めて教わり、幼い頃から漠然と感じていた疎外感の正体に気づきます（21巻第186話）。

仏であるお釈迦様の世界の見方もまた、我々凡人には到底理解できない見方です。仏様のものの見方とは智慧《ちえ》の見方で、智慧とは全ての真理・真実をありのままに見通す力です。お釈迦様の弟子が、お釈迦様に「あなたの目には世界はどんな見え方をしているのですか?」とたずねると、お釈迦様は自ら見ている世界をその場にいた弟子たちに見せたそうです。

なんだか視覚を与える愈史郎《ゆしろう》（珠世《たまよ》とともに人間を援助する鬼の青年）の血鬼術《けっきじゅつ》を彷彿《ほうふつ》とさせる場面ですが、その際、弟子たちが見たお釈迦様の見ている世界は、金色に輝いていたそうです。お釈迦様にとって、この世界はどんなものでも光り輝いて見えるということです。つまり、お釈迦様が見ていたのは、真理・真実を見通す透き通る世界なのではないでしょうか。

縁壱の世界の見方について、特徴的なセリフがあります。それは、

「この世はありとあらゆるものが美しい」（21巻第186話）

と述べているところです。

これは、鬼殺隊を追い出された縁壱が、話を聞いてほしくて炭吉《すみよし》（炭治郎の祖先）を訪ね、語った場面です。忌《い》み子として不遇な幼少期を送り、兄をかばい一人家を出て、運命的に出会った生涯ただ一人愛した女性うたと、お腹の我が子を鬼に惨殺される。そして、鬼殺隊に入るも無惨を取り逃がしたことを責められて、その責任を負わ

され自刃《じじん》しろとまで言われる。

縁壱の人生は他人が想像できないほど、過酷な人生でした。そんな人生を送ってきた縁壱が見る世界は「あらゆるものが美しい」世界でした。

よくこの作品で炭治郎が心優しいと言われますが、一番優しいのは縁壱だと思います。炭治郎も、鬼にすら温情をかける優しさをもっていますが、それでも時々、かなり冷徹な一面を見せる時があります。これは、後ほど述べますが、炭治郎が誰よりももつ鬼の素養の一面でしょう。どんなに正義のためとはいえ、呼吸を用いて刀を振るうことは破壊と暴力です。炭治郎は素直さゆえ、強さを純粋に求め、呼吸を極めようとします。

一方、縁壱は全くと言っていいほど、強さに興味がないのです。初めから強かったからということもありますが、強さに興味がなかった。

「剣の話をするよりも俺は兄上と双六《すごろく》や凧揚《たこあ》げがしたいです」(20巻第177話)

と言い、「剣の話をする時酷《ひど》くつまらなそう」で、その才能をもっていることについても全くうれしいとは思っていませんでした。そんな縁壱から出た言葉が「この世はありとあらゆるものが美しい」という言葉です。この残酷な世界も、縁壱の目には美しい世界に見えたのでしょう。

お釈迦様の晩年の言葉にも同じようなものがあります。お釈迦様は、亡くなる3カ月ほど前に疫病《えきびょう》にかかってしまいます。高齢で、自分の死期が近づいたことを知ったお釈迦様は、弟子に「この世界は素晴らしく、人々の生命は甘美である」と伝えました。命の終わりを感じながら、あらためてこの世界への想いを述べたものでしょう。病《やまい》に苦しむ中でも、死を目前にしようとも、この世界は美しいと受け止めるのです。

あらゆる命が分け隔てなく美しく輝いている——それが仏のものの見方なのです。

お釈迦様はこの世界を「苦」の世界であると説かれました。縁壱もこの世の地獄を見た人間です。その「苦」の世界にあって美しさを見る。縁壱とお釈迦様。ともに究極の場所に辿りついた者たちのものの見え方だと思います。

お釈迦様が採用していた大胆なシステムとは?

縁壱とお釈迦様は他者との関わり方にも共通点があります。それは、平等性や多様性を認めるということです。

お釈迦様の教えの伝え方には特徴がありました。

まず、お釈迦様の教えはあらゆる人に平等に向けられました。前にも触れましたが、宗教的身分制度であるカースト制度は大きく分けて、最上位のバラモンと呼ばれるバラモン教の司祭、王族や武士のクシャトリヤ、一般市民のヴァイシャ、最下級はシュードラと呼ばれる奴隷階級の4つに分かれています。カーストが違う者同士は全く生活圏が違い、それぞれの生活圏に入ることはタブーとされていました。カーストが違う者が同じ席で食事を摂ることすら禁止されました。

ですから、結婚なんてとんでもないことです。同じ階級の者同士でしか結婚はできませんので、バラモンの子はバラモン、シュードラの子はシュードラといったように身分の固定化が起こります。

しかし、**お釈迦様はカースト制度を否定し、入門した順に兄弟子としています。**先に芸能界に入った者が兄さんになる芸人システムのようなものです。

つまり、**お釈迦様はどんな者にも平等に門戸を開いた**のです。これは、カースト制度が隆盛の当時のインドではとても大胆なやり方です。そして、どんな時でも教えを乞《こ》う者には、真摯《しんし》に対応しました。お釈迦様が病の床《とこ》に伏せて、今まさに死の淵《ふち》にいる時も、弟子にしてくださいと訪れた者を拒まなかったと言われています。

周りの弟子が「今それどころではないので」と帰そうとしたのを耳にしたお釈迦様は、その者を招き入れ、お説法をしました。

また、弟子たちから「伝え残した教えはないですか？」と死に際に問われた時は、「私が秘密にしているものなんてない」と言い切りました。

この秘密とは「師拳《しけん》」（先生の握りこぶし）と言い、師匠だけがもつ秘密の真理のことで、当時のインドでは、師拳を死に際の最期の最期に伝えるという慣例があったからです。

そんなものはないと言い切るところからも、日頃から全ての教えを惜しむことなく弟子たちに伝えていたことが分かります。**お釈迦様は「誰にでも、どんな時でも、全てを」伝えた**のです。

それと同じように縁壱もまた、その剣技を惜しまず伝えました。黒死牟《こくしぼう》（巌勝《みちかつ》）は過去の回想シーンで「縁壱は誰にでも剣技や呼吸を教える」（20巻第178話）と、やや愚痴《ぐち》っぽく述べています。

剣技を習得するつもりもない炭吉の妻、すやこが、剣の型を見たいとせがんだら見せてくれるような人でした。**縁壱の教えもまた、あらゆる人に開かれたものだった**のでしょう。

自分たちだけが特別でありたいとする黒死牟とは対照的です。黒死牟はもっと教える相手を選別し、エリートを育てたかったのかもしれません。

実際、黒死牟は鬼になる前からエリート意識の高い人でした。黒死牟が縁壱を敵視してしまうのも、こういった姿勢の違いもあると思います。

後世へつなぐオーダーメイドの教え方

また、お釈迦様の教え方にも特徴がありました。それは、その人それぞれに合った教え方をしたということです。

人はどんな環境で育ってきたか、能力がどれくらいあるのか、得意なことや苦手なことは何かなど、それぞれ全く違います。1を聞いて100を知ることのできるタイプ。真面目にコツコツできるタイプ。我慢強くちょっとやそっとでは投げ出さないタイプ……など、様々な個性をもったお弟子さんたちがいました。

また、社会的立場も王族から奴隷まで、様々な環境で育った人たちを平等に受け入れたのでした。**お釈迦様はそれらの人々の個性を見抜き、その人に最も合った教えを説きました。**

このような説法のやり方を「対機説法《たいきせっぽう》」と言います。

対機説法の「機」とは、「人」のことで「その人に対しての説法」という意味。つまり、その人だけの**オーダーメイドの教えを説いた**のです。

当時のお弟子さんたちの中には、悟りを開いたという人が結構な人数います。この悟りがいかなるものであるかは評価が分かれるところですが、とにかく、かなり効率的に仏の境地まで近づけたようです。やはり、先生がいいと修行も効率よく進むわけです。

しかし、お釈迦様が亡くなった後は、もう自分に合った教えを示してくれる人はいなくなったわけですから、残された弟子たちは自分に合った教えを選ばなくてはならなくなりました。

お釈迦様が様々な人に対して伝えた教えを文章化した膨大な書物が経典、いわゆるお経です。この経典の中から、自分に合ったもの、時代に合ったものを選んでいったのです。

　こうして、「この経典こそが今最も私たちに合っているんだ！」と主張する僧侶が出てきました。それらの僧侶が宗祖（宗の開祖）となり、宗派が生まれました。これら宗派の違いは、どのお経を一番大事にするか、どのように解釈するかの違いです。今日《こんにち》、同じ仏教なのに様々な宗派があるのは、お釈迦様の「対機説法」という教えの伝え方が原因なのです。

　かといって、お釈迦様の言われていたことに一貫性がなく、ブレていたということではありません。たとえるなら、登山のようなものです。

　登山は一つの山頂を目指しますが、山道は一つではありません。初心者向けから上級者向け、険しいものから楽チンな道、はたまた誰も知らない秘密の裏道など様々です。歩くだけではありません。ヘリコプターで迎えに来てもらって一気に山頂へ、なんて方法もあるかもしれません。

　しかし、それらは全く違う登り方ですが、どれも最終的には一つの山頂を目指しています。これと同じように、仏教も目的は「仏に成る」という一つの山頂ですが、そこに至る道は様々なのです。どれが正解とか間違っているとかはないのです。その人にはその人に合った「仏に成る」方法があり、その多様性を認めたのがお釈迦様です。今日、仏教が国や民族を超えて世界中に伝わったのも、多様性を認めたお釈迦様の教えによるものです。

一方、縁壱もまた多様性を認める伝え方をしています。

縁壱は他の剣士たちに剣技や呼吸を教えますが、誰も縁壱と同じように習得できませんでした。そこで、

「縁壱はそれぞれの者が得意であること　できることに合わせて呼吸法を変えて指導していた　そうして日の呼吸の派生の呼吸が次々できあがった」（20巻第178話）

まさに、多様性を認めた**対機説法**です。日の呼吸を受け継ぐことができた者はいませんでしたが、そこから派生した様々な呼吸が残ることによって、後に炭治郎が水の呼吸と竈門《かまど》家に伝わるヒノカミ神楽を合わせて、日の呼吸を完成させました。

もし、縁壱が「日の呼吸しか教えないし、それ以外の呼吸は認めない！」と言っていたらどうだったでしょう。水の呼吸は派生しませんから、炭治郎が水の呼吸から日の呼吸を編み出すことはできなかったのです。

縁壱は派生という多様性を認めることで、その多様性から「日の呼吸」に通じる、

もしくはそれに近い力をもつ者が生まれることを知っていたのです。**お釈迦様も縁壱も多様性を大事にしながら伝えたため、後世にそれらを残すことができた**のです。

炭治郎の夢の中で、縁壱は炭吉に対して、

「道を極めた者が辿り着く場所はいつも同じだ　時代が変わろうともそこに至るまでの道のりが違おうとも必ず同じ場所に行きつく」（12巻第99話）

と言っています。ここで作者は「いたる」という言葉に「到る」ではなく「至る」という字をあてています。これらは「到る＝ある場所に行き着く」「至る＝ある状態に達する」という意味合いがあるようです。

つまり、**縁壱がここで言う「同じ場所」というのは状態や境地のことを指す**のです。**仏の悟りもまた場所ではなく境地**です。お釈迦様も縁壱も、歩む道は違っても最終的に至る境地は同じだという、多様性を認めた考え方をもっていたのです。

唯識

――ゆいしき――

眠り鬼・魘夢が見せた夢の正体

救いようがない鬼・魘夢

2020年10月16日に公開された『劇場版「鬼滅の刃」無限列車編』は空前の大ヒットとなり、鬼滅ブームは社会現象とまでなりました。

この映画はTVアニメ版『鬼滅の刃　竈門炭治郎 立志編』の続きで、コミックスにすると、7、8巻にあたる部分を映画化したものです。炭治郎《たんじろう》たちが炎柱《えんばしら》の煉獄杏寿《れんごくきょうじゅ》郎《ろう》にヒノカミ神楽《かぐら》のことを聞くために無限列車に乗り込むのですが、当然ここにも鬼がいます。

そこにいた鬼は下弦《かげん》の壱《いち》。あの有名なパワハラ会議（下弦の伍《ご》・累《るい》が殺されたことで鬼舞辻無惨《きぶつじむざん》が怒り、下弦の鬼たちが粛清された事件）を唯一生き抜いた魘夢《えんむ》です。

ですから、この映画のメインの敵は魘夢です。主人公も炭治郎です。しかし、煉獄と途中から出てきた上弦の参《さん》の猗窩座《あかざ》に全てをもっていかれてしまいました。主人公は、もはや煉獄です。終盤の煉獄の死に観客が涙する頃には、みんな魘夢のことなんて忘れてしまっています。しかし、この映画のメインの敵は魘夢です。

さて、魘夢という鬼の血鬼術《けっきじゅつ》は「夢」を見せることです。別名「眠り鬼」と言われ、幸せな夢や悪い夢を自由に見せることができます。この血鬼術は非常に強力で、柱である煉獄でさえも簡単には抜け出すことができませんでした。

さすが、無惨の血をたっぷりともらっただけのことはあります。魘夢は慎重な性格で、用意周到に血鬼術で眠らせた後、人の夢の中に入ります。

夢の外側にはその人の「精神の核」があり、その「精神の核」を破壊されると、どんな人でも廃人になってしまいます。

作中では、他人の夢の中に入るということは非常に危険とされています。夢はその持ち主の意識が強いため、共鳴して影響を受けることがあるからです。

そのため、慎重な魘夢は自分で夢の中に入ることはせず、幸せな夢を見せることと引き換えに、言うことをきかせた人間を相手の夢に送り込み、「精神の核」を破壊させます。自らは手を汚さず、人の心の弱い部分に付け込む、なかなかの鬼の所業です。

また、多くの鬼は滅びる寸前に人間だった頃のドラマがあるのですが、魘夢はそれもなく、ただただ、後悔の中で滅びていきます。映画の入場者特典で配布された小冊子に人間だった頃の話が出てきますが、それもまた下衆《げす》なので救いようのない鬼です。

しかし、よく考えてみてください。夢の中に変化を与えたくらいで、現実に影響がおよぶというのは、不思議に思えませんか。精神攻撃というのはよくある漫画のパターンなのですが、それが、なぜ夢と関係するのか。

そんな疑問を考えていると思い出されるのが、仏教の「唯識《ゆいしき》」という考え方です。この**「唯識」には、仏教が心をどのようにとらえるかが説かれています。**

私は、無限列車で魘夢が人に夢を見せ、心を壊し、肉体に影響を与える（廃人にする）という一連の流れを「唯識」で理解します。**魘夢の行動は、仏教が考える心の理解と一致する**と思うのです。

この世界は心によって作られている

魘夢の見せる夢については、仏教の心のとらえ方を知ると自然に受け入れることができます。**魘夢が見せる夢の仕組みは、仏教が考える心の仕組みをもとにしているのではないか**と思えるほどです。それでは、仏教が心をどのようにとらえるのかを「唯識」という考え方から見ていきましょう。

ちなみに、この「唯識」という学問はとても難しいものです。日本の仏教は大きく分けて大乗《だいじょう》仏教という種類の仏教なのですが、この大乗仏教において基礎となる学問が二つあり、それが「中観《ちゅうがん》」と「唯識」です。どちらもしっかりと学ばないと仏教は理解できないと言われる必修科目です。

とはいえ、どちらもとても難解で、現在、お坊さんと名乗っている人たちの中でこれを理解している人がどれだけいるのかは、かなり怪しいです。

筆者はどうかと言われたら、はっきり言って自信は全くないです。

特に「唯識」は、「倶舎論《くしゃろん》という難しいお経で基礎をみっちり八年間学んで、それでようやくあと三年で唯識は理解できる」という意味で、「唯識三年、倶舎八年」とも言われ、それほど昔から難解と言われている仏教の分野です。

なので、浅学の私が唯識について書くことは許されないことですが、この唯識の考え方が『劇場版「鬼滅の刃」無限列車編』をより面白く見せてくれると思いますので紹介します。

あくまでも、『鬼滅の刃』に見えた仏教要素の一つとして読んでください。

まず、仏教は「心」をとても重要に見る教えです。それは、「心が大事」とか、「心を大切に生きよう」というレベルではなく、**「心」がこの世界を作っている**と考えるのです。

この時点で、何それって感じですが、とにかく仏教は物質的なことよりも、心についての問題を重視します。

例えば、**私たちは心と体で構成されていますが**、仏教ではもっと詳しく分析して、**5つの要素で構成されている**と考えます。それは、**「色《しき》」「受《じゅ》」「想《そう》」「行《ぎょう》」「識《しき》」**の5つです。

「色」は我執のところでも触れましたが、物質のことで、要するに私たちの体です。

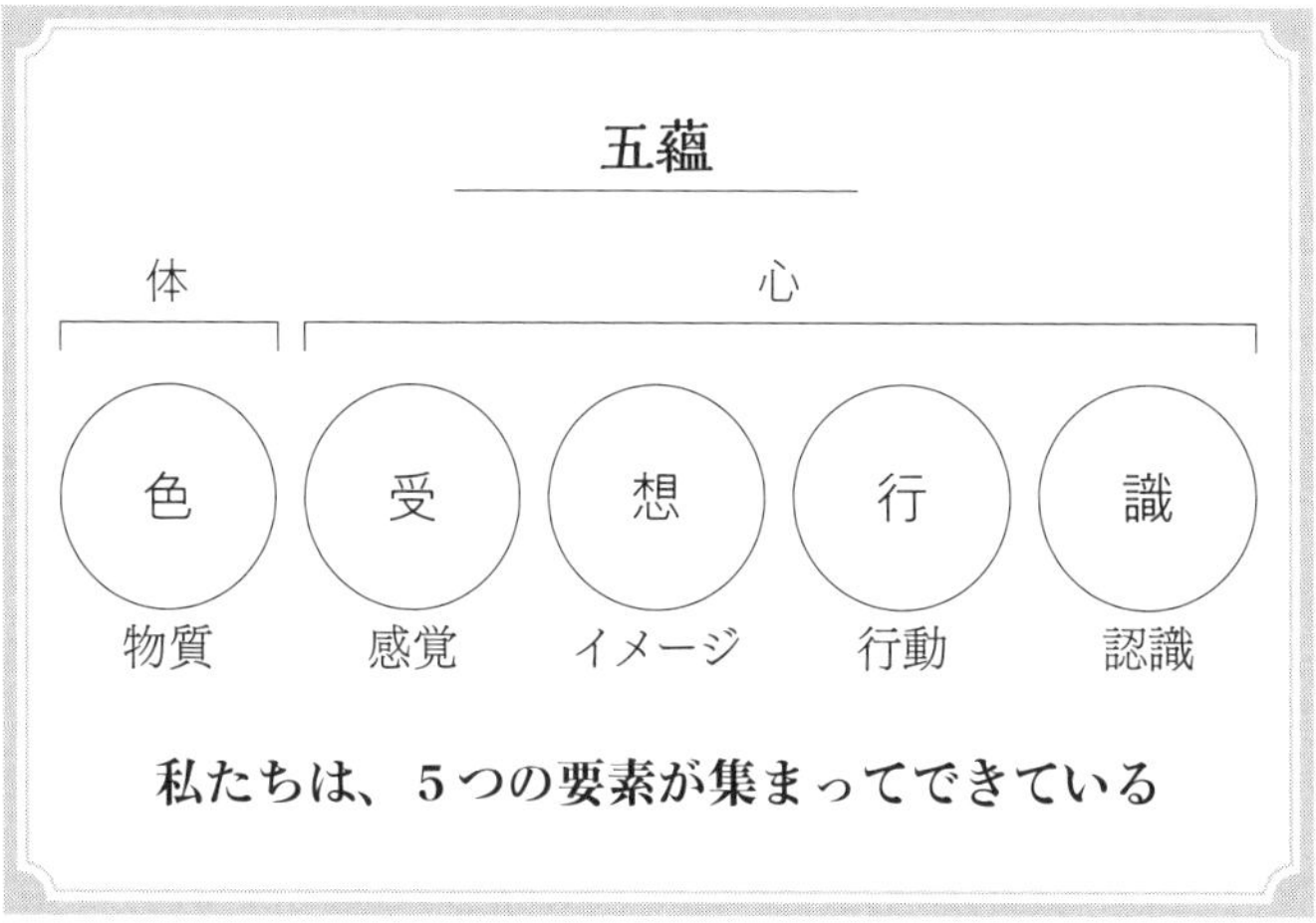

これは分かりやすいですね。

次の「受」は私たちの受ける感覚です。心地よい、悪い、そのどちらでもないとか自分が受ける感覚のことです。「想」は私たちが何か思い浮かべてイメージすること。「行」は私たちが何かしようとする心の動き。「識」は私たちが認識することです。

例えば、桜の花を見て「きれいだなぁ」と思うのが「受」。目を閉じて頭の中に桜を思い浮かべることが「想」。この桜を写真に撮ろうなど行動しようと思うのが「行」。桜を見て「これは桜だ」と判別することが「識」です。

この5つの要素のことを**五蘊**《ごうん》と言います。

「蘊」というのは塊《かたまり》とか集まりのことで、私たちは5つの要素が集まってできていると考えます。

この五蘊のうち、体を表すのは「色」の1つだけで、あとの4つは「心」の作用についてです。私たちは自分というと、肉体のことを思い浮かべますが、**仏教ではこの私というのは大部分が「心」の作用で構成されていると考える**のです。

そして、この5つが、たまたま縁によって寄り集まっているに過ぎないのが私の身体であって、私の身体なんてものは仮に集まっただけの実体のないものである、と考えます。

こういった**実体のないことを、無我**と言います。要するに、私たちの身体なんてあってないようなものと考えるのです。何だか理解しにくいですよね。

とにかく、仏教は普段私たちが考えている常識とは大きく違った見方で自分を見ています。さらに、自分以外のものに対しても、この**世界の全ては各個人の心の中の出来事に過ぎないと考えます。これが「唯識」**です。**この世界は実体がなく、ただ私の心が作り出しているだけのものである**というのです。

どうです？　すごくないですか。仏教はこの世界を夢まぼろしのようなものだと言うんですよ。これをどう考えるかは皆さんの自由です。しかし、仏教ではそのように考え、だからこそ、そんなうつろなものに執着してはいけないのだと言うのです。

仏教が考える「心の仕組み」

あらゆるものは、心が作り出していると考える仏教ですが、では、心ってどんなものでしょうか？

唯識では、心の構造を「八識《はっしき》」として説明しています。この「八識」で『鬼滅の刃』を理解するといろいろと面白いのです。

では、「八識」とは何か。私たちの心は8種類の「識」でできているというのが「八識」です。

「識」とは認識のことで、**心は「眼識《げんしき》」「耳識《にしき》」「鼻識《びしき》」「舌識《ぜつしき》」「身識《しんしき》」「意識《いしき》」「末那《まな》識《しき》」「阿頼耶識《あらやしき》」の8つの認識でできています。**8つの認識なので八識《はっしき》と呼びます。この世のあらゆるものは、この八識によって作り出されたものです。

前五識と対応する炭治郎の同期

眼識	視覚	栗花落カナヲ
耳識	聴覚	我妻善逸
鼻識	嗅覚	竈門炭治郎
舌識	味覚	不死川玄弥
身識	触覚	嘴平伊之助

　その八識を順番に1つずつ見ていくと、まず最初の5つは私たちの感覚です。仏教では感覚も認識であると考えます。「眼識」「耳識」「鼻識」「舌識」「身識」の5つです。

　字からなんとなく分かると思いますが、「眼識」は視覚、「耳識」は聴覚、「鼻識」は嗅覚、「舌識」は味覚、「身識」は触覚です。この5つの感覚を八識のうちの最初の5つなので**前五識**と言います。

　ちなみに、お気づきかもしれませんが、この前五識は炭治郎と同じ選別試験に合格した、鬼殺隊の同期剣士5人に対応しています。

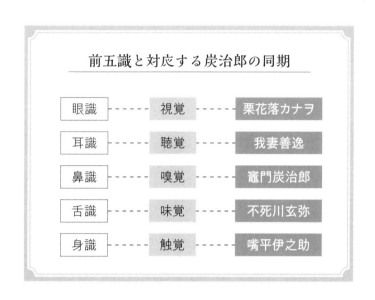

- 「眼識」は特殊な目をもつ栗花落《つゆり》カナヲ
- 「耳識」は聴覚が非常に優れた我妻善逸《あがつまぜんいつ》
- 「鼻識」は嗅覚が非常に優れた炭治郎
- 「舌識」は鬼喰いの不死川玄弥《しなずがわげんや》
- 「身識」は触覚に優れた嘴平伊之助《はしびらいのすけ》

それぞれが前五識にあてはまります。

話を戻して、その前五識から受け渡された認識を判断するのが「意識」です。「意識」は前五識のリーダーみたいなもので、前五識で受けた感覚を判断し、記憶しておくことができます。前五識は目の前の今しか認識することができないのですが、「意識」は過去の判断や記憶によって思い出したり未来を推理したりすることができます。そして、それが前五識の認識に作用し、影響を与えるのです。

この「意識」と「前五識」を合わせて「六識《ろくしき》」と言って、私たちが通常「心」と思っているのは「意識」を中心としたこの「六識」です。

心の構造「八識」

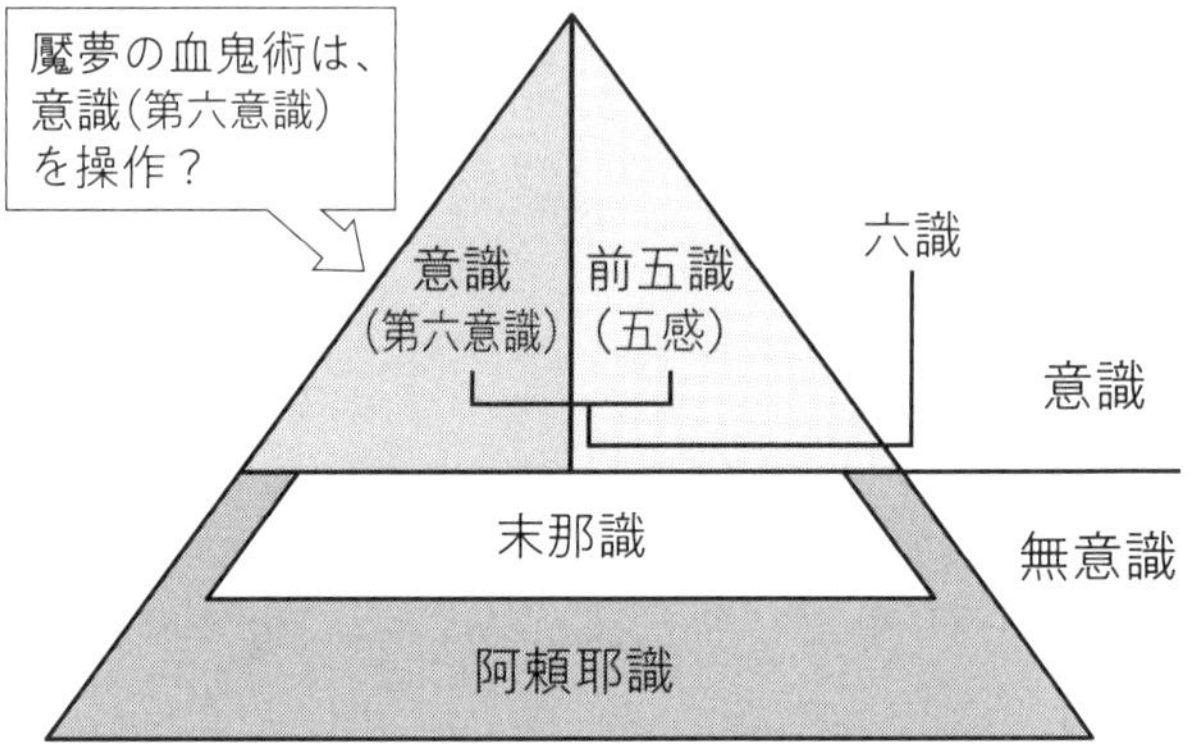

しかし、仏教の面白いのは、心にはこの「六識」以外にも、私たちが認識できない深層に、あと二つの心があるというのです。これが「末那《まな》識《しき》」と「阿頼耶識《あらやしき》」です。

例えば、私たちが深い眠りに落ちた時、「六識」は活動を停止します。この世界は心の作用でできているとするなら、眠ったり、気絶したりするとこの世界もなくなってしまうことになります。

しかし、この私が眠っても、気絶しても世界がなくならないのは「六識」よりも深い潜在意識に「末那識」と「阿頼耶識」があるからです。「末那識」と「阿頼耶識」は無意識の領域にあるので、私が寝ていても活動が続く領域です。

魘夢の血鬼術の正体は、第六意識への干渉だった⁉

これら仏教の「唯識」を踏まえて、魘夢の夢について考えてみます。

作中では魘夢は夢を見せていると説明していますが、仏教的視点で見るとこの**血鬼術の正体は「第六意識」への干渉**ではないかと私は考えています。

つまりこうです。魘夢は血鬼術で、第六識である「意識」（＝第六意識）を操作します。「第六意識」は「前五識」が受けた感覚を記憶しておくことができますので、それにより、過去の記憶をよみがえらせたり、組み合わせたりすることで夢を見せているのではないでしょうか。

そうであるならば、おそらく本人たちが全く経験していないことや、考えたことがないことを見せることは、できないのではないかと思います。

魘夢が見せた夢の中で、炭治郎が家族から責められる場面がありますが、それは家族からなじられた記憶ではなく、家族の記憶と他の誰かから（もしくは誰かが）責められる記憶を魘夢が合成したものを見せたのではないでしょうか。

また、魘夢の夢の中では、対象をどのように認識しているかが大きく表れます。なので、禰豆子《ねずこ》が善逸の夢の中ではかわいらしく、伊之助の夢の中では動物のような姿なのです。その相手を、どのように認識しているかによって変わるのです。現実のように見えるけれど、現実の経験をもとにして作られた世界。だから夢なのです。

では、**魘夢が配下にした人間を送り込む場所**とは何でしょうか。それが「唯識」でいう**意識よりもさらに深い深層意識である「末那識」「阿頼耶識」の領域**だと考えられます。

作中で、夢の中に送り込まれた手下の人間は、まずは夢の端《はし》を探します。夢の主《あるじ》を中心にして夢は広がるので、そこから離れると夢の端に行きつきます。

そこは、舞台の背景のように表現され、魘夢の骨から作られた錐《きり》でそれを破り、さらに外側の世界に入り込みます。その外側の世界で「精神の核」を見つけ破壊するのですが、その**夢の外側の世界こそ、「末那識」「阿頼耶識」と呼ばれる深層意識**だと考えられるのです。

負のスパイラル、正のスパイラルを分ける種子

ここで「末那識」と「阿頼耶識」について少しだけ触れておきます。「末那識」は無意識下にある悪さをする心だと思ってください。この**「末那識」は、我執《がしゅう》を生む心で、つまり、煩悩《ぼんのう》のもとになる心**です。

そして、**さらに深い領域に「阿頼耶識」があります。**この「阿頼耶」とはサンスクリット語（古いインドの言葉）の「アーラヤ」で貯蔵庫とか住処《すみか》という意味です。

インド北部にヒマラヤ山脈がありますが、ヒマラヤの「ヒマ」は雪という意味で、そこに「アーラヤ」を足したのがヒマラヤです。年から年中雪が積もっているので、雪の住処、雪の貯蔵庫という意味でヒマアラヤからヒマラヤとなったのです。

「アーラヤ」ということは、「阿頼耶識」は何かを溜めるところなのですが、何を溜めるかというと「種子」と呼ばれるものを溜めます。この種子は植物の種子と同様に、物事の原因となるものです。意識上の心である「六識」によって何かを行うと、その

結果として種子が生まれます。

生まれた種子は「阿頼耶識」に溜まっていきます。その種子は行為の残り香のようなもので、それが「阿頼耶識」にしみついていくのです。善いことをすれば善い種子が、悪いことをすれば悪い種子が「阿頼耶識」に溜まっていきます。

このように種子が溜まっていくことを薫習《くんじゅう》と言います。それは、いい匂いの花畑にいれば、いい匂いが体にしみつき、ごみ溜めにいると臭《くさ》いにおいが体にしみつくように、「阿頼耶識」に行為の残り香が降り積もっていくのです。

溜まるだけではありません。無意識の「阿頼耶識」に溜まった種子は、時々、意識上の「六識」に飛び出してくることがあります。どんな種子が飛び出してくるかは縁によるのですが、当然、悪い種子ばかり溜まっている「阿頼耶識」から飛び出してくるのは悪い種子です。

その種子が原因となり、その影響を受けて「六識」が悪いことをするのです。するとまた、悪い種子が「阿頼耶識」に溜まっていって、負のスパイラルに陥る。だから、悪いことをしてしまうのは「阿頼耶識」に溜まった悪い種子によるもので、反対に善いことを行うのは善い種子によるものです。

ちなみに、「末那識」は悪さをする心なので、ここからも、悪い種子が六識に飛び出したり、「阿頼耶識」に溜まったりします。

それら、「眼識」「耳識」「鼻識」「舌識」「身識」「意識」「末那識」「阿頼耶識」の「八識」をうまくコントロールしながら、できるだけ善い種子を「阿頼耶識」に溜めていくと、今度は正のスパイラルが生まれ、仏に近づいていくことができるのです。

これを仏教では、**「善因善果《ぜんいんぜんか》」「悪因悪果《あくいんあっか》」**と言います。

善い因（種）からは善い結果が、悪い因（種）からは悪い結果が生まれる、ということです。「因果応報《いんがおうほう》」といって、悪いことすれば必ずその報いを受けると言うけれど、世の悪人は全く報いを受けていないじゃないか」と思うこと、ありますよね。表面的には報いを受けてないように見えます。でも、その人の「阿頼耶識」には確実に悪い種子が溜まっているのです。

そして、いつかその種が芽を出します。その時は、その報いを必ず受けることになります。やっぱり悪いことはしちゃダメなんです。

魘夢が送り込んだ人間が目指すところ

仏教的視点の無限列車編では、魘夢が送り込んだ人間が目指すところは、無意識領域である「末那識」や「阿頼耶識」です。

「阿頼耶識」に何らかの影響を与えると、当然、種子を通して意識上の「六識」にも影響を与えます。心身はこの六識によって生まれているものですから、「阿頼耶識」に影響を与えることによって廃人にすることができるのです。

魘夢がわざわざ夢の中に入らないといけないのは、「六識」までは操作できるけれど、「阿頼耶識」を直接操作することができない、もしくは相当な危険をともなうからではないでしょうか。なので、わざわざ人間を手下にして送り込み、その者の手で壊す必要があるのだと思います。

ちなみに、善逸と伊之助は、誰もいるはずのない無意識領域に人として現れます（7巻第57話）。これは、「我」が強いためと説明されていますが、「我」とは煩悩の根源

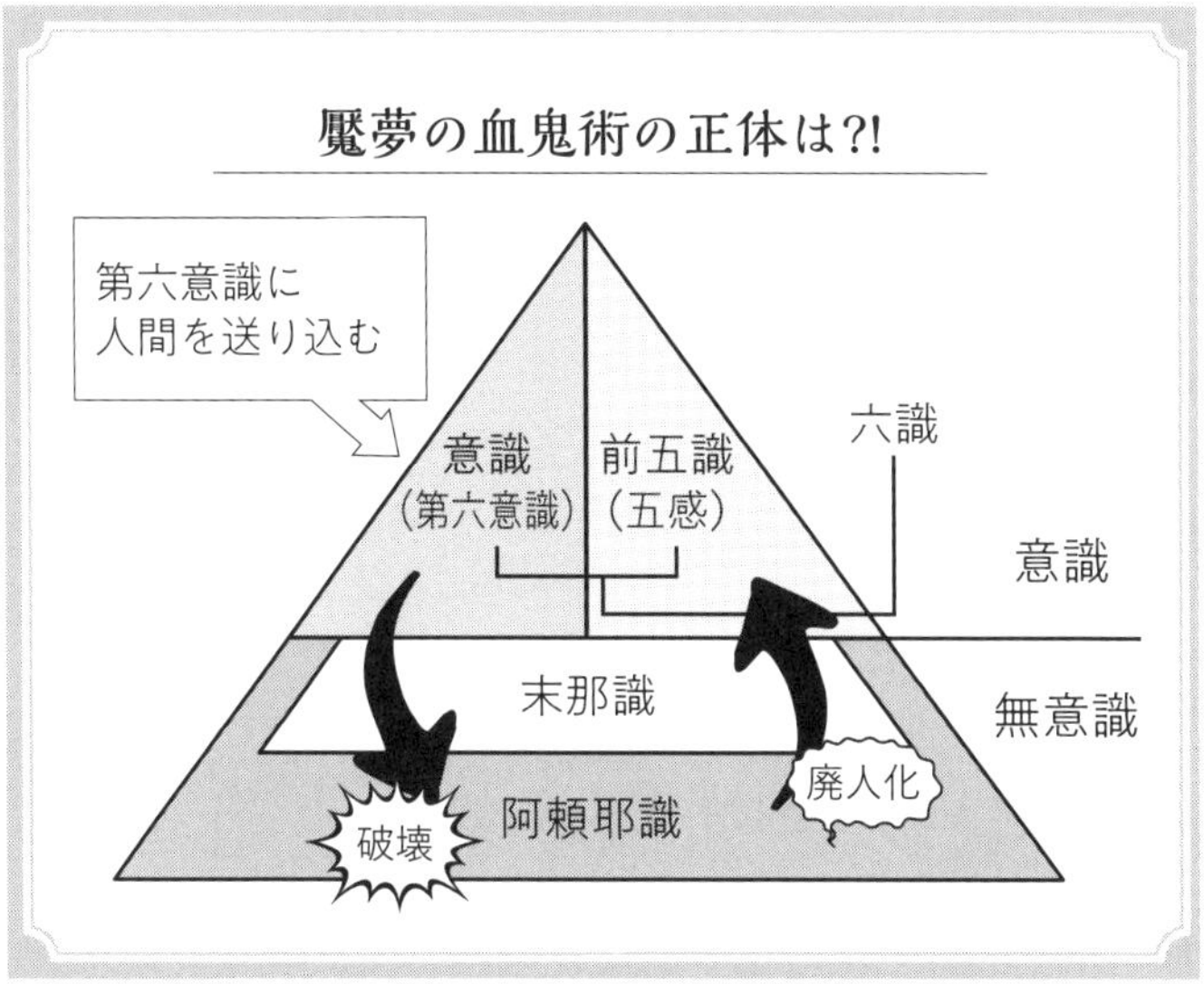

でもありますので、「我」がはっきりと形となっている無意識領域とは「末那識」だと考えられます。

つまり、善逸と伊之助が現れた場所は「末那識」で、送り込まれた手下の人間は「阿頼耶識」ではなく、善逸と伊之助の「末那識」に迷い込んでいたのではないでしょうか。

そう考えると二人の「我」はかなり強そうです。作中での二人の暴走は、ここからきているのかもしれません。

炭治郎が見た「記憶の遺伝」の謎

さて、「唯識」を頭に置いたうえで、『鬼滅の刃』を見ると、もう一つつながることがあります。それは「記憶の遺伝」と作中で呼ばれる現象についてです。

作中、炭治郎は、祖先である炭吉《すみよし》の記憶に触れることがあります。そこから炭吉と交流があった縁壱《よりいち》を知ることになるのですが、そんなことがありえるのでしょうか。

この記憶の遺伝も唯識を手掛かりに理解することができます。前述したように、私たちは五蘊《ごうん》で成り立っており、その5つの要素が仮に集合しているに過ぎません。それらをつなぎとめることができなくなった時が、人の死です。私を構成していた五蘊は離れていき、八識も霧散《むさん》していきます。

しかし、八識のうちで、唯一残るのが「阿頼耶識」なのです。もちろん、仏教には不変の実体（＝我）はないので、「阿頼耶識」もそのまま残るわけではありません。**「阿頼耶識」も常に変化をするわけですが、それでも次の命の原因となります。**

「阿頼耶識」は種子の貯蔵庫ですので、それまでの行いによって溜まっていた種子が縁によって集まったものです。

炭治郎の「阿頼耶識」にも、縁壱や炭吉の行いによって生まれた種子も貯蔵されているはずです。**炭治郎が見た「記憶の遺伝」とは、炭治郎の「阿頼耶識」内にある炭吉や縁壱の種子だったのではないでしょうか。**

炭治郎が、無意識領域である「阿頼耶識」をどのように覗いたのかは分かりません。しかし、炭治郎が「記憶の遺伝」に遇《あ》うときの共通点は、いつも意識レベルが著《いちじる》しく低下したときです。戦闘によって傷つき、極限の状態で炭治郎は「記憶」に触れています。これはダメージによって意識を失っているとも言えますが、一方では集中力が極限に高まっている状態なのではないでしょうか。

それが高度な瞑想《めいそう》状態を生み出し、仏教でいうところの滅尽定《めつじんじょう》（仏が行うような究極の瞑想）などの領域に達しているとするならば、戦闘による急激な集中力上昇が、極限の瞑想状態を生み出し、一時的に「阿頼耶識」を認識することができたのではないかと考えるのです。

少し行き過ぎた想像かもしれませんが、そう考えると作品の最終話で描かれた「生まれ変わった鬼殺隊」も、単なる血縁としての子孫というわけではなく、「阿頼耶識」

を引き継ぐ者たちの姿とも言えないでしょうか。

作品を通してのテーマである「受け継がれる想い」も仏教から見ると、絶妙のテーマだと思えるのです。

「人は心が原動力だから」に込められた思い

他にも、仏教の「唯識」を踏まえると、深くなるセリフがあります。

「頑張れ!! 人は心が原動力だから 心はどこまでも強くなれる!!」（7巻第53話）

名言ぞろいの『鬼滅の刃』の中でも、屈指の名セリフです。那田蜘蛛山《なたぐもやま》（下弦の伍・累の根城）の死闘から戻り、回復訓練を終えた炭治郎は、神崎《かんざき》アオイに続き、栗花落カナヲにも訓練をしてくれたお礼を言いに行きます。

お礼を言われたカナヲは、突然「表」「裏」と書かれたコインを投げ、それを見て炭治郎に話し返します。カナヲは指示されていないことはコインを投げて決めるようで、今回も炭治郎と話すか話さないかを、コインで決めました。

そんなカナヲを見て、炭治郎はカナヲからコインを借ります。そして、カナヲが心のままに生きるかどうかを、コインを投げて決めます。コインは見事「心のままに生きる」という表側を示し、カナヲの手を握りながら言ったのが、この「頑張れ!! 人は心が原動力だから　心はどこまでも強くなれる!!」というセリフです。

「人は心が原動力だから」というのは、どういうことでしょう。一見すると、死ぬほど頑張れば何でも何とかなるという精神論的な響きもします。

これらの励ましの言葉は、効果がある人もいますが、心が傷つき、頑張っていてもうまくいかない人にとっては、とても酷《こく》な言葉です。

そんな無神経なことを、炭治郎が言うでしょうか。炭治郎の嗅覚は人の心までも嗅ぎ分けます。カナヲの心にある過去のトラウマも、感じ取っていたに違いありません。ただただ励まして、行動を促すだけの言葉は言わないと思います。

では、どういう意味で言ったのでしょうか。

この言葉を仏教的に解釈すると、「この世界は自分の心が作り出しているんだよ」という唯識の教えを、炭治郎がカナヲに伝えているのではないでしょうか。

カナヲは、なぜ「表」を出せたのか炭治郎に聞き返します。すると、炭治郎は「偶然だよ」と言い、もし表が出なかったとしても出るまでコインを投げ続けるつもりだったことを伝えます。

コインによって物事を決めていたカナヲにとってみれば、コインの結果は変えることのできない現実。それが、自分の心によってどうにでも形は変えられることを伝えた炭治郎の言葉は、カナヲにとってパラダイムシフトだったことでしょう。

炭治郎がコインを投げ上げた時、ビュウといって風が吹きます。その風がもし吹かなければ「裏」が出ていたかもしれません。

この世界は縁によって変化し続け、それもまた自分の心によって作られているものである。そのことを「心が原動力」と表現したのではないでしょうか。

世界は見方によってどうにでも見えるから我慢しろというのではなく、そんな世界が生んだ悲しみに、執着してはいけないんだと伝えたのではないかと思います。だから「どこまでも強くなれる」のではないでしょうか。

『鬼滅の刃』には、心のあり方を大事にする場面が多くあります。心を大切にする仏教の教えを学ぶことで、より深くこの物語を探っていくことができるように思えるのです。

浄土教

――じょうどきょう――

「俺」
悲鳴嶼行冥が背負う疑心と悲しみ

極楽浄土に往って、仏に成る！

仏教は、お釈迦様が行った対機《たいき》説法《せっぽう》（相手に合わせて教えを説く方法）によって多くの教えが残されましたが、それは教えの選択肢が増えたということでもあり、仏教に宗派や教えの流れが生まれる原因ともなります。

ここで注目するのは、このうちの浄土教という教えの流れです。特に、日本における**浄土教の二大宗派である浄土宗と浄土真宗の開祖、法然聖人《ほうねんしょうにん》（浄土宗）と親鸞《しんらん》聖人（浄土真宗）です。**

この**二人は師弟関係**にあるのですが、**この二人とその関係が『鬼滅の刃』に出てく**

る悲鳴嶼《ひめじま》行冥《ぎょうめい》と不死川《しなずがわ》玄弥《げんや》の師弟によく似ているのです。この二人から法然聖人と親鸞聖人について紹介しようと思います。

まず、この**浄土教というのは何かというと、阿弥陀仏《あみだぶつ》（阿弥陀如来《にょらい》）の極楽浄土に往生し、成仏《じょうぶつ》することを説く教え**のことです。仏教では、仏は一人ではなく、無数にいると考えます。お釈迦様もそのうちの一人で、私たちの世界に現れて、それまで知ることのなかった仏の存在を教えてくれた仏です。

そして、その無数にいる仏たちそれぞれが自分の国（世界）をもっています。例えば、釈迦如来の霊山《りょうぜん》浄土、大日如来の密厳《みつごん》浄土、薬師如来の東方浄瑠璃《とうほうじょうるり》浄土、毘盧遮《びるしゃ》那仏《なぶつ》の蓮華蔵《れんげぞう》世界など、無数の仏に対して無数の浄土があるのです。

その中でも一番有名なのが、阿弥陀如来の西方《さいほう》極楽浄土です。この極楽浄土に往生して、仏に成ろうというのが浄土教です。往生というのは、とても雑な言い方をすると、死んだ後に生まれるということです。極楽浄土に生まれて何をするかというと遊んで暮らすわけではありません。そこで仏に成るための修行をします。

私たちの世界は誘惑が多く、なかなか成果もあがりませんし、きちんと教えてくれる先生であったお釈迦様もいなくなっています。しかし、極楽浄土には阿弥陀如来がおられます。最高の環境で、最高の先生が教えてくれるので、私たちの世界では成果があがらなかった修行も、極楽浄土ではうまくいきます。

なので、この極楽浄土に生まれることを目指そうとするのが浄土教という教えの流れです。浄土教において浄土と言えば、阿弥陀如来の極楽浄土のことです。そのため、浄土教は別名、阿弥陀信仰とも呼ばれます。

なお、**浄土教という言い方**は、浄土教という宗派があるわけではなく、**あくまで極楽浄土に往生することで仏に成ることを目指した教えの総称**です。

仏への道は、厳しいポイント制？

この阿弥陀如来という仏はとても人気のある仏で、世界中で信仰されています。では、なぜこの阿弥陀如来が人気かというと、弱者に優しい仏だからです。基本的に仏は弱者に優しいのですが、弱者を救う立場の仏に成るということは大変難しいことです。

気の遠くなるような時間、仏に成るための行いを重ねていかなければいけません。これを修行と言いますが、**正しい修行によって生まれた成果を功徳《くどく》**と言います。そして、その功徳が一定のところまで積み上がると、仏に成ることができるのです。

たとえるならば、ポイントを貯めてお皿をもらうようなものです。功徳というポイントをコツコツと貯め、ある一定のところまで貯まると仏に成るという成果を得るのです。しかし、この功徳を貯めるのがとてつもなく大変なのです。

まず、仏に成るまでに52のステップがあります。そのステップを、階段をのぼるかのごとく、一段一段上がっていくわけですが、その一段を上がることすら容易ではありません。

一生をかけて一段上がれるかどうか分からないくらいです。でも、いいのです。今、生きている間に仏に成らなくても、次に人間に生まれた時に成ればいい。次がダメなら、その次。その次がダメなら……。と、**仏への道はとてつもなく気の長い道のり**なのです。

お皿のポイントだったら、手に入れたポイントは期限内であれば消えてなくなることはありませんが、仏教の功徳ポイントは間違ったことをすると、すぐに消えてなくなります。もっと間違うと、マイナスになってしまうこともあります。
つまり、せっかく階段を上がっていたとしても、気をゆるめると下に転げ落ちてしまうのです。今まで頑張ってきたけれども、ちょっとした出来心で仏道に反してしまった。そうすると、今までやっていたことが、パーになってしまうこともあるのです。あらゆることで失敗が許されないのが仏への道、仏道なのです。

阿弥陀如来は、全ての人を救いたいと願う優しい仏

そこまで遠い道のりとなると、いったい自分はこのままで仏に成ることができるのだろうか、という不安が起こります。お釈迦様の教えを聞いた人の中には、仏に成る素質や環境が備わっていない人もいます。すると、仏には成れない人が出てくるわけです。

では、そんな素質や環境がない人が救われる方法はないのかというと、それがあるのです。そういう人を救う仏様がいるのです。それが阿弥陀如来という仏様です。**阿**

弥陀如来は、仏に成る素質の有無にかかわらず全ての人を救いたいと願った仏なのです。

阿弥陀如来は、もともとは法蔵《ほうぞう》という修行者でした。仏に成る時は、必ずどんな仏に成るのか目標をたてます。これを願《がん》と言います。

法蔵は仏に成るために48項目の願をたてました。その願のうち、18番目の願に、**「全ての人々を救えるような仏でなかったら、私は仏に成ることはない」**と誓ったのです。

そして、その願を実現するために修行をされるのです。その修行の長さは修行前の構想期間だけでも五劫《ごこう》。実際の修行はそれに数えきれない数を掛け合わせた兆載永劫《ちょうさいようごう》という、とてつもない長さに及びます。

ちなみに、劫とは時間の単位で、一劫は「四十里《り》四方の大石を、やわらかい天人の羽衣で百年に一度払い、その大きな石がすりきれてなくなってもなお一劫の時間は終わらない」と経典には載っています。

四十里四方の岩と言いますと、想像ができないのですが、あるお坊さんがだいたい九州1個分くらいの大きさの岩と言っていました。

どんな計算方法ではじき出したのかは分かりませんが、とにかく、とてつもなく大きな岩です。その岩がすりきれて消えてなくなる時間が一劫です。こうなると人間には想像もつかない時間の長さです。それだけの長さの修行をされて仏様になったのが、阿弥陀如来です。

阿弥陀如来は初めの願いどおり、自ら積んだ功徳を、仏に成れず迷える人々に振り向けます。先ほどのお皿のたとえで言うならば、自分で貯めたポイントをお皿が欲しい人に配って回るようなものです。あらゆる人々に功徳を配っても尽きることのない力をもった仏なのです。

人々を迷いの闇から救い出すための尽きることのない光。そして、あらゆる時代の人を救うために尽きることのない寿命。その二つを併せもつ仏です。このため阿弥陀如来は別名、無量光仏《むりょうこうぶつ》、無量寿仏《むりょうじゅぶつ》とも言われています。

ちなみに、落語に「寿限無《じゅげむ》」という噺《はなし》がありますが、赤ん坊の名前につけた「寿限無　寿限無　五劫のすりきれ……」はここからきています。

浄土に生まれるための方法

阿弥陀如来の願いに基づいて、浄土に生まれるための方法が念仏です。念仏には仏の功徳や仏の姿を心に思い浮かべる「観念《かんねん》の念仏」、仏の名をとなえる「称名《しょうみょう》の念仏（口称《くしょう》念仏）」があります。日本の浄土教を代表する浄土宗、浄土真宗は「称名の念仏」、すなわち「南無阿弥陀仏《なむあみだぶつ》」と口でとなえる念仏でもって浄土に生まれようとする宗派なのです。

阿弥陀如来は48項目の願のうちの18番目に、「あらゆる人々が　心から信じ浄土に生まれたいと願い　念仏して　もしその者が浄土に生まれなかったら　私は仏には成りません」と誓いました。とても雑に言うと、「念仏した者は必ず浄土に往生させる」という意味です。

この念仏は口称念仏のことで、浄土に生まれるためには、念仏以外は必要ないと言い切ったのが法然聖人です。

岩柱・悲鳴嶼行冥のモデルは法然聖人？

私は、縁壱のモデルがお釈迦様であるとするならば、岩柱《いわばしら》・悲鳴嶼行冥のモデルは法然聖人だと思うのです。それは、弟子である不死川玄弥との関係、そして、法然聖人の仏教に対する思いがそう思わせます。

法然聖人は平安時代の末、1133年に、現在の岡山県に生まれました。父は漆間《うるまの》時国《ときくに》という武士でしたが、法然聖人が9歳の時、突然の襲撃に遭《あ》い殺されてしまったと言われています。

当時の武士の子は父親がそのような形で殺された場合は、無念を晴らすため、かたき討ちをするのですが、父時国の「敵を恨んではいけない。仕返しなど考えずに仏門に入り仏を目指しなさい」との言葉にしたがい、寺で仏教の勉強を始めます。その後、比叡山《ひえいざん》に登って正式に僧侶となり、さらに仏教の勉学に励みます。

法然聖人の才能は素晴らしく、日本中のエリートが集まる比叡山において「智慧《ちえ》第一の法然房（頭のいい人ナンバー1の法然）」と言われるようになりました。その後、念仏こそ私たちが仏に成る道であることを知り、比叡山を下り、吉水《よしみず》というところで浄土宗を開いて、念仏の教えを民衆に広めました。

ただひたすらに阿弥陀如来を信じ、念仏するだけで救われる、という法然聖人の念仏の教えは民衆のみならず貴族にまで広がり、多くの人々の心をつかみました。

しかし、念仏以外の修行はいらないという考えは、念仏以外の修行をしている他の宗派にケンカを売っているようなものです。法然聖人の念仏の教団は、激しい非難と弾圧にさらされることになります。晩年は弟子の不祥事から責任を問われ流罪になり、流罪が赦《ゆる》されて京都に帰ってきた翌年に亡くなります。

ところで念仏の素晴らしさを教え広め、多くの人々から敬われた法然聖人ですが、なぜ、比叡山を離れたのでしょうか。比叡山は、仏教の権威的な存在です。そこで噂になるほどの実力を認められた法然聖人でしたので、比叡山から離れなければ、高い地位にいることができたと思います。それを捨てさせたのは、人々を救う使命とそれを背負う覚悟、それから当時の仏教界への疑心からだと思われます。

当時、京都は政治が乱れ、天候不順による食糧難、疫病、自然災害に見舞われ、大混乱の中にありました。しかし、当時の仏教は貴族のための宗教であり、学問ばかりが先行して民衆には手の届かない存在となっていました。

仏教は多くの人々が仏に成って救われていくための教えですが、法然聖人にとっては学んできた学問と、目の前で苦しんでいる人々の姿に大きな隔たりがありました。

おそらく、現実の苦しみに愕然《がくぜん》とし、人々を救うことのできない自分の無力さにさいなまれたのではないでしょうか。このままではダメだとさらに学問を進め、その中で見つけたのが口でとなえる念仏の教えでした。

これならば、多くの人々が救われる！　口で「南無阿弥陀仏」ととなえることで救われていく念仏の教えを固く信じた法然聖人は、民衆から遠く離れた山を下り、より民衆に近い場所で念仏の教えを広めたのです。

多くの人に才能を認められ、人々を救うことを自身の責務として背負いながら、自分の学問が現実の苦しみには役に立たないという無力感と当時の仏教界への疑心。しかし、そんな**不安と疑心が念仏によって晴れ、再び人々を救う道に戻っていったのが法然聖人**と言えます。**このひたむきな仏教への思いが、悲鳴嶼行冥と重なる**のです。

悲鳴嶼行冥の羽織に刻まれる文字の謎

『鬼滅の刃』の悲鳴嶼行冥はいつも念仏をとなえています。鬼殺隊《きさつたい》に入る前は、寺で身寄りのない子どもたちと共に生活をしていました。

ある時、寺に戻らなかった子どもの一人（後に我妻善逸《あがつまぜんいつ》の兄弟子となる獪岳《かいがく》）が鬼と遭遇してしまい、自分の命が助かることと引き換えに悲鳴嶼と寺の子どもたちのところに鬼を連れていってしまいます。鬼除けのために焚いていた藤の花の香炉の火を消して、鬼を寺に招き入れ、自分は逃げていってしまいます。

たちまちに寺にいた子どもたちは鬼に殺されてしまいますが、悲鳴嶼は自分の側《そば》を離れなかった少女を守るために、日の出まで鬼を素手で殴り続け倒します。呼吸も使わずに鬼に勝つということは、かなりの身体能力なのですが、この時初めて自分の強さに気がついたようです。

なんとかして、一人の少女を守り抜いた悲鳴嶼ですが、気が動転していた少女の伝え間違えから、子どもたちを殺した犯人にされ、死刑囚となってしまいます。

誤解であったとはいえ、命がけで守った少女から裏切られた形になり、獄中で悲しみに暮れる悲鳴嶼を救い出したのは鬼殺隊のお館《やかた》様である産屋敷耀哉《うぶやしきかがや》でした。その後、鬼殺隊に入隊し、柱《はしら》となった悲鳴嶼は、鬼殺隊史上、屈指の強さを誇る隊士となります。

そんな壮絶な過去をもつ彼が、いつも着ている羽織には「南無阿弥陀仏」の6字が入っています。悲鳴嶼行冥は念仏を大切にしているはずなのですが、彼が登場した当初の羽織の「南無阿弥陀仏」の字が違っていました。彼が初登場したのは6巻第44話の柱合《ちゆうごう》会議（お館様と9人の柱が集合する会議）でしたが、その時の**羽織に書かれていた字は「南無阿弥〝佗〟仏」でした。**これは、この登場の時だけなのですが、本来は「陀」である字が「佗」だったのです。

最初は、ただの誤字だと思っていましたが、誤字であれば単行本になる時に修正されます。『『鬼滅の刃』吾峠呼世晴画集―幾星霜―』において編集プロダクションから単行本修正の時はいつも山盛りチェックを入れていただけると作者が語っていることからも、編集者のチェックは厳しく、これだけ大きな誤字はありえないと思います。

仮にそれが編集のチェックミスだとしても、アニメ化される時に訂正が入るはずです。

しかし、アニメ版でも同じように「佗」になっていました。絵を描く時にアニメーターが誤字に気づき、それが誤字であるかの問い合わせが原作者にいくはず。編集者、アニメーターのチェックをすり抜けるということは考えにくいです。ということは**作者が意図的に「佗」を使っていたのではないか**と私は思うのです。

「佗」に込められた二つの意味

では、仮に意図的に使われたとすれば、「佗」にどのような意味があるのでしょうか。

これには二つの意味があると考えられます。悲鳴嶼は鬼殺隊のリーダーとして冷徹なまでの厳しさをもっています。個性的な柱たちをまとめ上げるだけの実力と、恩人であるお館様への忠誠心。隊の存続のための規律順守と後進の育成。悲鳴嶼行冥は多くのものを背負っています。「佗」という字には「になう、背負う」という意味があります。一つ目の意味は、様々なものを自分が背負うという意味での「佗」であると考えられます。

また、「佗」という漢字には、「わびしい」という意味もあります。これが二つ目の意味だと考えられます。

鬼殺隊に入る前は寺で生活をしていた悲鳴嶼は、身寄りのない子どもたちを引き取って育てていました。しかし、鬼が襲って来た時、自分が守るべき子どもたちの命を自分が信じている仏教では守り切れなかった。これは彼にとって大きな心の傷になったことでしょう。

さらに、命がけで守った子どもにまで裏切られてしまった。この悲惨な状況において、今まで自分が学んできた仏への信仰が何も役に立たなかったという事実は、悲鳴嶼の心に大きな影を落としたと思われます。この出来事以降、悲鳴嶼は、「本当に疑り深くなったように思う」（16巻第135話）と自身で言っています。

悲鳴嶼が疑うようになったものの中には今まで学んできた仏教も含まれていると思われます。事件以降、彼の中に仏教を疑う心が生じたのではないでしょうか。そして、その疑心が「わびしい」のだと思うのです。「わびしい」とはひっそりと一人悲しいという意味です。**悲鳴嶼行冥は最強の体技をもちながら、心には「佗」しさを抱え**

た人物だったと言えます。今まで信じていたものを信じることができなくなった思いが羽織の「侘」に込められているのではないでしょうか。

出会いによって信じる心を取り戻した二人の生き様

しかし、その後この「侘」が羽織に使われることはなくなりました。本来の「陀」に戻っていきます。私はこのきっかけを作ったのは炭治郎《たんじろう》だと思っています。炭治郎たちの鬼に立ち向かうひたむきな姿勢がその疑いの心をほどいていったのではないでしょうか。それが分かるやり取りが、16巻第135話にあります。

無惨《むざん》との決戦を控え、さらなる戦力向上のため柱稽古と呼ばれる特訓が行われます。隊士が各柱のもとを順に訪れ、稽古をつけてもらうというものですが、炭治郎は特訓と真摯《しんし》に向き合い岩柱である悲鳴嶼が出した課題をクリアします。その成果と、炭治郎たちのそれまでの鬼に対する姿勢や言葉を受けて「**疑い**は晴れた」と言うのです。

寺院が鬼に襲われた事件以降、多くのものを疑い、特に子どもたちへの不信感をもっていた悲鳴嶼の疑心が炭治郎との関わりによって完全に晴れた瞬間です。「疑いの心」でいっぱいだった悲鳴嶼が決戦を前に、「信じる心」を取り戻したのです。作者はこの**悲鳴嶼行冥の心の変化を、「佗」から本来の「陀」にすることによって表したのではないか**と思うのです。

この後の悲鳴嶼は迷うことなく柱としての務めを全《まっと》うします。最終決戦である無限城の戦いにおいては、上弦の壱《いち》である黒死牟《こくしぼう》を倒しますが、最期は強大な無惨の前に命尽きます。

悲鳴嶼の死に際、目の前にかつて自分を裏切ったと思っていた子どもたちが現れ、実はそうではなかったことを告げる。子どもたちへの疑いが晴れた悲鳴嶼は「ありがとう…」と言った後、「じゃあ行こう…皆で…　行こう…」と言って亡くなります。

悲鳴嶼が行こうと言った場所はどこなのでしょうか。仏をはじめとするあらゆるものへの疑いの心が消え去った悲鳴嶼の往《い》き先はきっと「極楽浄土」だと思います。最強の鬼殺隊士として涙を流しながら生きた**悲鳴嶼行冥の生き様は、揺らいでいた信じる心を炭治郎との出会いによって取り戻す。そんな姿が法然聖人と重なる**のです。

法然聖人もまた、智慧第一と言われながら、民衆を救うことができず、念仏との出会いによって再び人々を救う道を取り戻された方です。不甲斐ない無力感に打ちひしがれ、人生に「侘」しさを抱えていた悲鳴嶼と同じように、もがかれたのではないでしょうか。その中で、念仏の教えと出会うことによって信じるべき道を見いだし、それに一生を捧げた方なのです。そんな仏教に対する姿勢が、私には悲鳴嶼行冥と重なるのです。

王道から外れた不人気キャラの二人と重なる浄土教

さて、もう一人の念仏キャラは不死川玄弥です。玄弥は悲鳴嶼の弟子です。そしてこの二人は、鬼殺隊屈指の不人気キャラクターでもあります。

２０２０年10月に発表された第2回キャラクター人気投票では、不死川玄弥《しなずがわげんや》が15位と炭治郎の選別同期としては最下位。悲鳴嶼行冥にいたっては22位で14位の黒死牟《こくしぼう》、17位の猗窩座《あかざ》、18位の童磨《どうま》よりも低い順位です。かろうじて23位の無惨よりは一つ上の順位ですが、柱として不甲斐ない結果です。

もちろん、これからアニメ版で登場も増えてくるので順位も上がることとは思いますが、念仏をとなえる二人のキャラクターグッズが売れ残っているのを見ると同じ念仏を信じる筆者は忸怩《じくじ》たる思いがします。

では、なぜ二人の人気がないのでしょうか。それはこの二人が王道ではないからだと思います。

鬼殺隊と言えば日輪刀《にちりんとう》でしょう。日輪刀から繰り出す呼吸の型がかっこいいわけですが、玄弥の武器は銃です。日輪刀も持っていますが色変わりもせず、サブウェポン扱いです。悲鳴嶼はかろうじて刃は付いていますが鎖の付いた斧《おの》と鉄球です。決して王道とは言えません。そんな**王道ではない二人が念仏をとなえる姿に、仏教の王道でない浄土教が重なる**のです。

今日の日本仏教において、阿弥陀如来を信じる浄土教はその規模からいっても確固たる立場を確立していますが、仏教の流れからいうと浄土教はメインストリームの教えではありません。仏に成るという目標をたて、修行によって功徳を積み、その功徳によって仏に成るというオーソドックスな流れからすると念仏の教えというのは異色です。自らの力で仏の悟りを目指すのではなく、阿弥陀如来の救いによって、往生・成仏するという教えです。

一見すると、自分で努力せずに、都合よく救ってもらうご都合主義みたいに聞こえます。もちろん、そこには深い意義があるのですが、一生懸命努力して自分を高めて目的を達成するという、仏教の王道から延びた脇道のような教えが念仏の教えです。その中でもさらに、念仏以外は必要ないと極限まで念仏に焦点を合わせたのが浄土宗や浄土真宗などの日本の浄土教です。

焦りと苦悩から生み出された「鬼喰い」

不死川玄弥は鬼殺隊士としての才能を全くもち合わせていません。兄は風柱《かぜばしら》の不死《しなず》川《がわ》実弥《さねみ》で、二人の父は性格や行動には問題があったものの非常に体格に恵まれていて頑丈だったらしく、不死川兄弟はそれを受け継いでいます。

にもかかわらず、玄弥は呼吸を使うことができませんでした。呼吸なしで最終選別を生き残ったわけですから、かなりの身体能力の持ち主です。教え下手の悲鳴嶼のもとで集中力を極限まで高める反復動作を会得していますので、努力家でもあったでしょう。

しかし、才能がなく、肝心の呼吸が使えません。そのため悲鳴嶼との関係も継子《つぐこ》（柱が後継として育てる隊士）ではなく弟子扱い。努力ではどうすることもできない壁にぶつかり、焦りと苦悩を抱えているのが不死川玄弥です。


その玄弥の焦りから生み出されたのが「鬼喰い」です。どんなきっかけで鬼を口にしようと考えたのかは分かりませんが、自分が鬼を食べてその能力を一時的に得られることを発見しました。

鬼を食べた時の玄弥は表情も変わり、言動も荒々しくなります。おそらく、心にも体にも負担がかかります。そのため、定期的に検診をしてもらっている胡蝶《こちょう》しのぶからは毎回苦言を呈されています。

しかし、それでも彼は鬼喰いをやめなかった。いや、やめることができなかったのです。20巻第171話において上弦の壱である黒死牟の体を喰い、鬼化します。無惨の血がより濃い黒死牟の体を取り込むことによって、無惨の声まで聞こえるようになります。その時「俺の体…どうなっていくんだ…」と不安がよぎります。

おそらく、この不安は初めて鬼喰いをした時から続いてきたものでしょう。そんな不安の中で鬼を喰い続けます。柱になって兄に追いつきたい焦りが玄弥を鬼喰いにしました。

柱になりたかった玄弥、仏になりたかった親鸞

そんな不死川玄弥と浄土真宗の教えが私には重なって見えるのです。浄土真宗を開いたのは親鸞聖人です。親鸞聖人は、法然聖人から遅れること40年、1173年に京都で生まれます。日野有範《ひのありのり》という貴族の子として生まれますが、父は出家してしまいます。

有範の出家の理由は定かではありませんが、一説によると宮廷の政争に巻き込まれ隠遁《いんとん》したのではないかとも言われています。さらに、母も8歳の時に亡くなり、わずか9歳で出家をします。

そこから懸命に比叡山で20年もの間修行を重ねますが、仏へは程遠い自分を思い知

らされます。迷いと焦りの中、自らがどう進むべきか、その答えを得ようと六角堂というお堂に通い籠《こも》ります。95日目にして夢の中でお告げを聞き、それをきっかけに比叡山を離れ、吉水で念仏の教えを広めていた法然聖人の弟子になります。

その後、法然聖人が四国に流罪になった際、法然聖人とは反対方向の北陸に流されます。その後、流罪は許されますが、京都には戻らず、関東に赴き20年ほど滞在して布教を行いました。

生まれ故郷の京都に戻ることができたのは60歳の頃だと言われています。京都に戻ってからは著述活動に励まれ90歳で亡くなられます。

親鸞聖人は浄土真宗の開祖とされていますが、自身で自分が開祖であると名乗ったことはありません。後世の人々が親鸞聖人を慕い、開祖としたことから浄土真宗という宗派が生まれるのです。

親鸞聖人もまた法然聖人と同じく比叡山を下りられた方ですが、その理由は焦りだったのではないでしょうか。9歳から29歳という人生で最も多感でイキイキとした時期を仏道修行に捧げます。その間の生活は詳しくは分かっていませんが、おそらくかなり厳しい修行も積まれたと考えられます。

しかし、学問が深まれば深まるほど、修行を積めば積むほど、かえって今まで自分が気づかなかった心の奥底にある迷いの心（＝煩悩）が見えてくる。

心を鎮めようとしてもざわめき、物事の本質を見極めようとしても雲がかかりよく見通すことができない。このままでは仏に成ることはできないのではないか。自分には仏に成る素質がないのではないか。

そんな焦りが六角堂に籠るきっかけとなり、その後の法然聖人との出会いにつながります。親鸞聖人は、何としてでも仏に成りたかったのです。そんな親鸞聖人を開祖とするのが浄土真宗です。

同じように玄弥も何としてでも鬼を倒し、柱になることを望みました。しかし、自身には素質がなく、焦りの中で鬼喰いに走っていきます。鬼を煩悩とするならば、**腹の中に鬼を抱えて鬼を倒すことを選んだ玄弥は、煩悩を抱えたままの自分がどうやったら仏に成ることができるのかを求めた親鸞聖人のように思えるのです。**

親鸞聖人が開いた浄土真宗の教えは、煩悩を抱える人間が、煩悩を抱えたまま救われていく教えです。『鬼滅の刃』の鬼を煩悩と見た時、その鬼を喰って鬼を倒す玄弥と、煩悩を抱えたまま救われていく浄土真宗が重なるのです。

阿弥陀如来はあらゆる者を救いますが、人々に立派になれ、変われと言う仏ではありません。立派になれないのであれば、変われないのであれば、私があなたの代わりに修行をし、あなたを仏にしましょうという仏です。

20巻第172話で玄弥が黒死牟と戦った時、あまりにハイレベルな戦いにうろたえます。黒死牟とそれに向かう柱たち。彼らと自分の力の差を痛感します。自分がもっと強かったら、柱だったら。仲間を守りたいけれど守れない。役に立ちたいけれど立てない。そんな自分の弱さを悔しがります。

その焦燥感の中で思い出したのが、炭治郎の「一番弱い人が一番可能性を持ってるんだよ」という言葉。その言葉で勇気を振り絞り行動します。

阿弥陀如来を心から信じ、この身を任せていくのが、親鸞聖人が法然聖人から学んだ念仏の教えです。その阿弥陀如来の救いは弱い者へ向けられたものです。弱い者が救われていく教え。弱い者でも救われる可能性を説く教え。不死川玄弥の生き様と浄土真宗の教えが重なって見えるのです。

『鬼滅の刃』に出てくるお経はどんなことを言っているの？

多くの人々を救いたいと願った法然聖人と悲鳴嶼行冥。何としてでも目的を達成させたかった親鸞聖人と不死川玄弥。そして、それぞれが師弟という関係性をもち、南無阿弥陀仏の念仏で結びついている。そんなキャラクターたちが活躍する漫画に「仏《ぶっ》説《せつ》阿《あ》弥《み》陀《だ》経《きょう》」が出てくるのですから、浄土教のお坊さんたちにとっては、胸熱な漫画なのです。私もその一人で、『鬼滅の刃』を読むきっかけになったのはこの漫画に念仏や「仏説阿弥陀経」をとなえるキャラクターがいると聞いたからです。

私は浄土真宗のお坊さんですが「社会現象にもなった大ヒット漫画にお念仏や仏説阿弥陀経が出てくる！」。もうそれだけで、阿弥陀如来を信仰している者にとってはこの上ない驚きと喜びなのです。

今までは、法事で子どもたちに念仏しましょうと言ってもポカンとしていましたが、「悲鳴嶼行冥って知ってる？」って聞くだけで、「南無阿弥陀仏の人」と答えてくれます。「悲鳴嶼行冥と不死川玄弥がとなえているお経を読むからね」と言うと、経本を食い入るように見るのです。『鬼滅の刃』のすごさをあらためて感じました。

さて、この二人がとなえる「仏説阿弥陀経」についても、少し紹介しておきます。

浄土宗の開祖である法然聖人は、お釈迦様の教えを記した経典の中で、**阿弥陀如来の救いについて書かれている3つの大切な経典**があると言われました。

それが**「仏説無量寿経《ぶっせつむりょうじゅきょう》」「仏説観無量寿経《ぶっせつかんむりょうじゅきょう》」「仏説阿弥陀経《ぶっせつあみだきょう》」**の3つでこれを浄土宗や浄土真宗では浄土三部経と呼び、教えの中心に据えています。

『鬼滅の刃』に出てくるのは、このうちの一つ「仏説阿弥陀経」です。

このお経は、お釈迦様が弟子たちに阿弥陀如来の極楽浄土の素晴らしさを説き、その浄土に生まれるために念仏することを勧めたものです。さらに、これをお釈迦様だけでなく、あらゆる仏が褒めたたえるものだから、みんな信じるよう勧めています。

そして、このお経の面白いところは、極楽浄土の様子が具体的に書かれていることです。なぜこの浄土に極楽と名が付いているかというと、苦しみがなく、楽しみしかないからです。

極楽中が宝石で飾られていて、並木ですら金・銀・瑠璃《るり》・水晶でできています。極楽の池も7つの宝でできていて、この池には常に不思議な力をもった水が満々とたたえられています。池の底の砂は全て金で、そこには宝石でできた階段があります。岸の上にも宝石でできた建物があります。池の中には大きな蓮の花が咲いていて、それぞれが光り輝き、美しく、とてもいい香りがします。

極楽中に素晴らしい音楽が響き、黄金の大地には決まった時間になると美しい花が降り注ぎます。極楽にいる人は、朝になるとその花をカゴに入れて他の国の仏のところに届け、お昼前に帰ってきて食事をし、あとは歩きながら身と心を整えます。

極楽には美しい鳥がいて、決まった時間になると美しい声で鳴きます。その声は、ただ美しいだけでなく、その声すらも仏の教えになっています。なぜなら、この鳥たちは罪によって鳥になったのではなく、阿弥陀如来が教えを伝えるために姿を変えて現れたものだからです。

極楽のそよ風は、極楽中に飾られた宝石や宝石でできた並木を揺らし、まるで無数の楽器を同時に奏《かな》でているようで、その音を聞いた者は仏のような心になります。極楽の主《あるじ》である阿弥陀如来が放つ光は限りがなく、またその寿命にも限りがありません。極楽にいる人たちはみんないい人ばかりで、数えきれないたくさんの素晴らしい弟子がいます。そして、今もたくさんの人たちが阿弥陀如来のもとで学んでいるのです。

お経は、手を尽くして教えてくれる授業の記録

どうでしょうか。極楽の様子が思い浮かんだでしょうか。

この情景は「仏説阿弥陀経」の前半部分に書かれているものです。**お経というと呪文か何かのように思っている人がいますが、内容はお釈迦様が弟子たちに話した記録です。**

実際にお経を見たことがある人は分かると思いますが、漢字だらけです。しかし、それはお経が中国から入ってきたためです。中身はお釈迦様が弟子を褒めたり、注意したり、たとえ話で説明したり、実際に見せたり……いろいろと手を尽くして教える授業の記録です。

この「仏説阿弥陀経」では極楽浄土の素晴らしさを弟子たちに伝え、そして、ここに生まれることはとても素晴らしいから目指すといいよと勧めています。

お釈迦様の授業は普段、弟子たちのほうから質問をしてお釈迦様がそれに答える形

式をとるのですが、この**「仏説阿弥陀経」は珍しく、お釈迦様が何も聞かれていないのにひとりでにしゃべり始めたお経**です。ですから、よっぽど話したくてしかたがなかった大事なことと後の人々は受け止めました。

『鬼滅の刃』に出てくる「仏説阿弥陀経」は、このお経のほんの冒頭部分です。このお経がどんなシチュエーションで説かれたかを説明する部分で、本題にすら入っていないところです。漫画では描ききれなかった「仏説阿弥陀経」が、アニメになるとどうなるのか（この本を書いているのは第2期放送前です）楽しみです。

『鬼滅の刃』は全体を通して仏教色が強い作品ですが、悲鳴嶼行冥と不死川玄弥の二人は特に浄土教の特徴を表すキャラクターだと思います。

残念ながら、この師弟は生き残ることができませんでしたが、ともに心安らかにその生涯を終えています。「仏説阿弥陀経」の中に「倶会《くえ》一処《いっしょ》」という言葉が出てきます。同じ阿弥陀様の浄土でまた、ともに会わせていただくという意味です。きっと二人は、美しい極楽浄土に往き生まれ、再会していることでしょう。

埋葬

――まいそう――

「弔い」

産屋敷耀哉の心を支えた命のつながり

なぜ『鬼滅の刃』では、埋葬シーンが丁寧に描かれるのか？

『鬼滅の刃』は少年誌で連載された作品ですが、多くの人間が鬼の犠牲になり、鬼殺《きさつ》隊《たい》を中心にかなりの人が亡くなります。僧侶という筆者の立場から作品を読んだ時、どうしても彼らの弔《とむら》いについて気になってしまいます。つまり、鬼殺隊士の死後、どうやって遺《のこ》された者は弔いを行っていたのだろうかと考えてしまうのです。

この作品は弔いを特に大切にしています。炭治郎《たんじろう》が家を出る時も家族を埋葬してから家を出ていき、そして鬼舞辻無惨《きぶつじむざん》を倒して家に帰って来た時も、まずは墓前（お墓という形はありませんが）に手を合わせています。そして、今は亡き家族から「おかえり」と言われて、この旅は終わりを迎えるのです。

また作品の途中でも、埋葬の描写にコマを割《さ》いています。さすがに後半になると展開のスピードから減りますが、鬼の犠牲になった人を埋葬してから次の任務に向かう描写が見られます。

この**作品において、「埋葬」「弔い」は鬼との戦いの区切りとして、また鬼狩りに関わった者たちの記録、記憶として大切なモチーフ**になっています。宗教において、葬送や死後の世界とは切り離せないものです。現代の仏教においても、この葬送の問題は多くの人が関心をもっています。そこで、『鬼滅の刃』の埋葬事情を考察してみたいと思います。

墓石に刻まれる「南無阿弥陀仏」の意味

作中に浄土真宗の墓が出てくるということに、お気づきでしょうか。全てがそうとは限りませんが、宗派によってお墓に特徴がある場合があります。

鬼殺隊の主《あるじ》である産屋敷耀哉《うぶやしきかがや》は、病の進行によって起き上がれなくなるまで、亡くなった鬼殺隊士の墓参りを一日も欠かしたことがなかったとあります。その墓参りの描写で墓石が描かれていますが、竿石《さおいし》（墓の一番中心となる柱状の石）には「南無阿弥陀仏」と彫られている墓が登場します。

　これは浄土真宗の墓の特徴なのです。現代では、竿石には「〇〇家之墓」といった、その家の名前を彫ることが多いのですが、浄土真宗では竿石に「南無阿弥陀仏」と彫り、家名はその下の台石など目立たないところ、もしくは別の石に刻む風習があります。これはあくまでも風習ですので、決まりというわけではありません。浄土真宗の墓で竿石に家名のある墓もたくさんありますし、地域性からも影響を受けます。

　だからこそ、あえて竿石に「南無阿弥陀仏」と入れるということは、その墓の持ち主が浄土真宗の門徒であることを示しています。

　なぜ、「南無阿弥陀仏」を墓に刻むかというと、浄土真宗は骨や墓石を拝む教えではないからです。浄土真宗が手を合わせる対象は「阿弥陀如来《あみだにょらい》」ただ一つです。

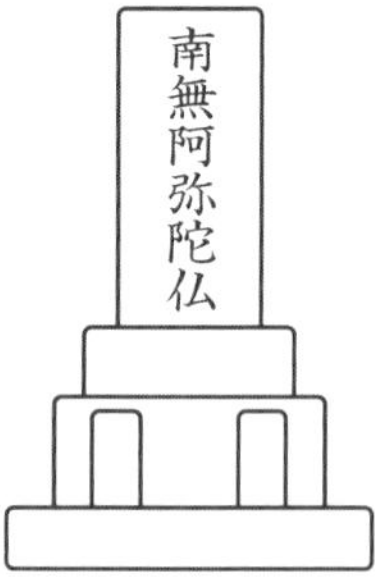

浄土真宗のお墓（例）

仏は、通常私たちの目に見えるものではありません。形も匂いもありません。だからといって、何もないところを拝んだり、信じたりすることは、なかなか難しいことです。そこで、私たちが親しみやすいよう人の形にし、経典に載っている仏の特徴や教義の特徴を加え、目いっぱいの想像力をはたらかせて作られたのが仏像です。

しかし、それは仏を見ることのできない私たちが信仰するために便宜上作られたものですので、仏様がそのままその形をしているわけではありません。それに対して「南無阿弥陀仏」という仏の名前は、阿弥陀如来の長い修行の成果を表すもので、阿弥陀如来のはたらきそのものです。

ですから、浄土真宗では「南無阿弥陀仏」という仏の名前を、本尊（礼拝の対象としての仏）としてお仏壇に安置します。墓石に「南無阿弥陀仏」と刻むのは、そこに仏様を安置することと同じことなのです。阿弥陀如来に手を合わす浄土真宗では、墓石に「南無阿弥陀仏」と彫ることによって、墓地を阿弥陀如来への礼拝の場所とするのです。

産屋敷が毎日欠かさなかった墓参りの墓にも「南無阿弥陀佛」と刻まれています（16巻第139話）。

隊士の名前を限定しないようにするためではないかと思うかもしれませんが、そうでもありません。19巻第163話の栗花落《つゆり》カナヲの回想に出てくる胡蝶《こちょう》家の墓にも、「南無阿弥陀佛」と刻まれています。

この回想は胡蝶カナエ（蟲柱《むしばしら》・胡蝶しのぶの姉）の墓参りの回想ですから、「胡蝶家」と竿石に刻まれていてもいいはずです。しかし、ここでもあえて「南無阿弥陀佛」と刻まれています（胡蝶しのぶは死に際《ぎわ》の童磨《どうま》〈上弦《じょうげん》の弐《に》〉を見て「これで私も安心して成《じょう》仏《ぶつ》できます」と言っていることからも、胡蝶家の宗旨《しゅうし》はほぼ確実に浄土真宗だと思われます）。

また、23巻の第204話の最終頁では、禰豆子《ねずこ》が伊之助《いのすけ》に四角い墓もあることを教えていますが、その時の挿絵にも「南無阿弥」（おそらく字が入りきらなかったため陀佛は省略したと思われます）と刻まれています。ここまで作者が南無阿弥陀佛と刻まれた墓を描くのは、作者自身が浄土真宗のお墓に親しんできたからではないかと想像します。

無限城での決戦で死んでいった仲間たちの墓

鬼殺隊士の墓に家名が入っていない理由としてもう一つ考えられるのは、お墓が個人の墓であるということです。墓は個人のものと思われがちですが、現在の墓の多くは家ごとの墓です。これは、今でも墓は個人のものではなく家のものであると考えられているからです。

日本の埋葬において「〇〇家先祖之墓」といった家ごとのお墓が出現するようになったのは、今から200年くらい前ですが、これが全国に広まって定着したのは明治中期頃のことです。最近よく聞かれる墓じまいや後継者などの墓の問題は、たいていは家の墓をどう守るかの問題です。

しかし、家の墓という風習はここ100年くらいのもので、現代の墓の形式は意外と新しいものなのです。江戸時代くらいまでの墓は夫婦や個人のためのものでしたが、明治新政府の法律で家父長制がしかれ、家長（多くは長男）が強い権力とともに、墓も相続するとされました。

炭治郎《たんじろう》が「俺は長男だから我慢できたけど次男だったら我慢できなかった」（3巻第24話）と言って、痛みを我慢する場面がありますが、あのセリフも長男が家長として家を支えていかなければならない、という当時の考えを反映しているものと考えられます。

先祖の弔いが家長の責任のもと、家ごとに行われたことによって、家の墓が広まっていきました。『鬼滅の刃』の時代は、その頃です。しかし、鬼殺隊の多くは家族を鬼に殺された被害者遺族ですから、親族が全くいない隊士もいたと思います。そのため、鬼殺隊の墓は個人の墓になっていったのではないでしょうか。

23巻第204話で鬼殺隊士の墓参りを炭治郎たちが行う場面があります。そこに出てくる墓地には、全て同じ形の墓が並んでいます。

これだけ同じような墓が並ぶということは、墓石が規格化された現代においても墓の運営・施行が同一でない限り、ありえません。

伊之助が献花を投げて行おうとしたことからも分かるように、あそこに並んでいる墓は全て鬼殺隊士の墓であると考えられます。

善逸《ぜんいつ》が、「(全部に花を供えてたら）今日中に終わんないよぉ」と言った言葉には、それだけたくさんの人々が鬼の犠牲になったということの他に、鬼殺隊のために広大な墓地が用意されていたことを意味します。

23巻に出てくる墓地は、おそらく産屋敷家が用意したものでしょう。つまり、あそこに並ぶ同一形状の墓は、無限城《むげんじょう》での決戦で死んでいった隊士たちの墓ではないでしょうか。最後の決戦が、まさに総力戦であったことがうかがえるのです。作中には表現されなかった、人知れず死んでいった鬼殺隊のことが、あの一コマで分かるのです。

大正時代の埋葬方法は、火葬と土葬が混在していた

それでは、その墓に遺体はどのように埋葬されているのでしょうか。

現在ほとんどの遺体が火葬される日本の常識から考えると、焼骨した遺骨が埋葬されると考えるかもしれません。しかし、元来、日本の埋葬は土葬がほとんどで火葬が広まったきっかけは仏教の影響です。

仏教の開祖であるお釈迦様の遺体は火葬されました。現在でもそうですが、インドでは遺体は基本的に火葬されます。お釈迦様は葬儀に出家者が関わることを禁じ、そ

んなことをしている暇があったら、修行をしなさいと言われました。お葬式に積極的に関わる現代の日本のお坊さんとは少し違いますね。

街の人たちの助けを借りて荼毘《だび》に付されたお釈迦様ですが、遺骨をめぐって争いが起こります。普通は、荼毘に付された遺体は、ガンジス川に流してしまうのがインド流です。しかし、高貴な方の遺骨はとっておいて、崇拝の対象にします。

お釈迦様の遺骨をめぐり、関係した8つのグループが争ったと言われています。それをドローナというバラモンが争いをおさめ、遺骨は8等分されました。この遺《のこ》された遺骨は後世においてさらに分配され、世界中に散らばっています。

ちなみに、お釈迦様の遺骨を仏舎利《ぶっしゃり》と言いますが、明治時代に仏舎利がタイ国王より日本に贈られています。現在、その仏舎利は名古屋市の覚王山日泰寺《かくおうざんにったいじ》に納められ、宗派を超えて持ち回りで管理されています。

こういった経緯から、お釈迦様にならい、仏教では火葬が推奨されました。日本は土葬中心の文化でしたが、仏教の伝来とともに高貴な方の埋葬として火葬が広まりました。

しばらくは、土葬と火葬が入り混じった状態が続き、江戸時代に入ると逆に土葬に戻ってしまいます。これは江戸幕府が君臣の関係や親孝行を重んじる朱子学（儒教）を推奨したからです。儒教においては親の遺体を焼くことは親不孝と考えられており、それに準じて火葬は避けられるようになりました。

明治時代に入り、武士の時代が終わったため、火葬が増えるかと思いきや、今度は神道の影響や都市部の環境問題から、一時火葬が禁止されることになりました。1873年（明治6年）に火葬禁止令が布告されるのですが、たった2年で火葬は解禁されます。

理由は、公衆衛生的な問題と墓地の不足でした。その後は火葬が普及し、大正時代には半数近くが火葬となりました。とはいえ、当時は火葬には費用もかかりますし、まだ半数が土葬の状態でした。

炭治郎が自分の家族を家の前に土葬したことや、鱗滝左近次《うろこだきさこんじ》（炭治郎を剣士に育てた師匠）がお堂の鬼の犠牲者を土葬したことも時代的には違和感のないものです。ただ、当時の法律から考えてみても埋葬場所は決まっていましたので、その場で埋めたというのは応急的な処置だったと考えられます。

鬼と人間を分けるもの

そのような中で、鬼殺隊がどのようにして弔われたか考えますと、おそらく火葬だったのではないかと思います。煉獄杏寿郎《れんごくきょうじゅろう》が死亡した後、日の呼吸のことを聞くために炭治郎が煉獄家を訪れた際、杏寿郎の父、槇寿郎《しんじゅろう》が千寿郎《せんじゅろう》（杏寿郎の弟）に「葬式は終わったんだ」と言っています（8巻第68話）。

当時、信教の自由を保障するという名目上、国家神道は宗教ではないとされていました。宗教としてしまうと政府が神事を国民に強要できなくなるからです。葬儀は宗教儀式の最たるものであるため、一般での神式の葬儀は下火になっていました。ですから、杏寿郎の葬儀は仏式によるものだったと思います。

また、浄土真宗などの盛んな地域や都市部では火葬率が上がりますので、おそらく仏式の葬儀↓火葬↓納骨という、現代に近い弔いを行っていたと考えられます。

当時、都市部で墓地不足が起こっていたにもかかわらず、広大な土地に個人墓を建て、長きにわたり管理をする。葬儀から火葬、埋葬まで行い、毎日墓参りを欠かすことがなかった。**産屋敷家の鬼殺隊士の弔いに対する労力は尋常ではなかった**と考えられます。

これは、**産屋敷耀哉が鬼殺隊士を家族同様に大切にしていたことの表れ**です。自らが中心になり、指令を出しておきながら、虚弱体質のため刀を振るうことのできなかった耀哉にとって、亡くなっていった隊士たちへの弔いはせめてもの想いであったのではないでしょうか。

またそれは、いつ終わるとも分からない鬼との対決。短命を決定づけられた人生を背負う耀哉にとって、折れそうになる自らの心をつなぎとめる励みとなったことでしょう。幾星霜《いくせいそう》の命のつながりを見つめることによって、受け継がれてきた想いを感じる。耀哉にとって弔いはそんな意味をもっていたのではないでしょうか。

いつの時代においてもギリギリの戦いを行っていた鬼殺隊にとって、死者への弔いが、生きる者たちの心の支えとなっていたのは間違いないと思います。

死者を想うということは、一方で死者から想われていることを確認する作業でもあります。この作品は、伝わっていく想いが大きなテーマになっていますが、弔いや埋葬を通してそれを表現しているのではないでしょうか。

　近年は私たちの現実世界において、弔いを簡略化したり、無駄だとする風潮があります。しかし、弔いは人間しかしない行動です。動物は弔いをしません。動物も弔いのような行動をする時もありますが、世代を超えて受け継がれるなんてことはありません。**弔いは、人間ならではの行動**なのです。

　そこに、鬼と人間の違いを描いているのではないでしょうか。鬼は死者を弔いませんし、人間を食料としか見ません。しかし、炭治郎は斬った鬼たちにまで想いを寄せ、次に生まれてくる時は、鬼にならずにすむよう願います。

　そんな、行動の対比もまた、それぞれを際立たせる作品の魅力です。弔いの意識が薄れゆく現代において、無意識のうちにそれを求めていく人間の心に響いたことも、この作品がヒットした理由だと思います。

二河白道

――にがびゃくどう――

「日本一慈しい、鬼退治」

刀を手放して辿りついた鬼のいない世界

鬼殺隊を援助する家の「藤の花」の家紋と西本願寺の紋「下り藤」

『鬼滅の刃』で、鬼除けとして出てくる藤の花。

これは作中のシンボルとして、いたるところで描かれます。鬼に対抗する象徴のような存在で、蟲柱《むしばしら》・胡蝶《こちょう》しのぶが開発した鬼を殺す薬もこの藤の花の成分を調合してできているようです。

おそらく、鬼が藤を嫌う理由は、藤の花が太陽を好むからでしょう。藤は直射日光を好む好日性植物です。鬼殺隊の持つ日輪刀《にちりんとう》の原料が、一年中陽《ひ》が差しているという陽光山《ようこうざん》で、たっぷりの陽の光を浴びた鉄鉱石（猩々《しょうじょう》緋《ひ》砂鉄《さてつ》、猩々緋鉱石《ひこうせき》）であるのと同じように、藤の花もたっぷりと陽の光を浴びなければ咲くことのできない植物です。鬼殺隊《きさつたい》の最終選別が行われた藤襲山《ふじかさねやま》は、一年中藤の花が狂い咲いています。

ということは、陽光山同様に藤襲山もまた、多くの陽が射している場所と思われます。そのたっぷりと陽の光を浴びた藤の花を、鬼は嫌がります。藤の花が咲く場所は陽が当たるから鬼が嫌うのか、はたまた藤の花が陽光の何かを吸収し、それが鬼に作用するのかは分かりませんが、太陽に関係しているとは思います。

そんな藤の花を寺紋《じもん》にしているのが西本願寺です。私の信仰している浄土真宗本願寺派の本山、通称西本願寺の使用する紋は「下り藤」です。

紋は、自らの家系、血統、家柄、地位などを表すために用いられてきたシンボルマークで、その集団に属していることの意思表明でもあります。浄土真宗本願寺派の寺院においては、この下り藤をシンボルマークとして掲げる寺院が多く、自らが西本願寺に属していることを表明し、その理念の中で布教活動をしています。

その下り藤と似た紋が『鬼滅の刃』にも出てきます。それが「藤の花の家紋」です。西本願寺の下り藤を右に45度傾け、中央に「藤」という字を入れたような家紋です。藤の花の家紋のある家は、鬼に狙われたところを鬼殺隊に助けられた過去をも

左：『鬼滅の刃』に登場する藤の花の家紋
〈出典：『鬼滅の刃』4巻第27話37頁〉
右：西本願寺の寺紋「下り藤」

ち、鬼殺隊の誰にも無償で食事や寝床の世話などをしてくれます。

そして、鬼狩りに向かう隊士たちの無事を願い、時には鬼殺隊としての心構えを教示したりもします。炭治郎《たんじろう》たちも藤の花の家紋の家の老婆に「誇り高く生きる」よう教えられ、その意味を考える場面もあります。鬼殺隊の肉体的にも精神的にも支えとなる一族の紋が西本願寺の紋と似ていることは、意味深いものだと思います。ということで、『鬼滅の刃』と私の信仰する浄土真宗についてお話しします。

素質ゼロでも仏に成れる道を説く浄土真宗の教え

浄土真宗は、鎌倉時代の僧、親鸞《しんらん》聖人を開祖とする浄土教の宗派です。先にも述べましたが、親鸞聖人は浄土宗の開祖である法然《ほうねん》聖人の弟子として、法然聖人から念仏の教えを学びました。阿弥陀如来《あみだにょらい》の救いを信じ、「南無阿弥陀仏《なむあみだぶつ》」と口でとなえ、阿弥陀如来の極楽浄土に生まれて仏に成る教えです。親鸞聖人自身は自分が開祖であるなど述べたことはなく、あくまでも法然聖人の教えを世に伝える、お釈迦様の弟子であるという立場で布教や著述を行っています。

親鸞聖人が説いた念仏の教えの特徴は、阿弥陀如来を「信じる心」を最も大事なこととした点です。信じる心を信心と言いますが、私たちは純粋に仏を信じることができるでしょうか。信じると簡単に言いますが、たとえ信じていると口では言っていても、心の奥底ではどうでしょう。本当に極楽浄土を信じられますか？　阿弥陀如来を信じられますか？　私たちはそんなことすらできないのです。

そういう意味では、**私たちはみんな仏に成る素質はゼロ**なのです。こういう**素質ゼロの人のことを指して、浄土真宗では悪人《あくにん》と言います**。一般的な、「悪いことをする人」という意味の悪人とは少し違います。しかし、阿弥陀如来が仏に成った目的は、そんな悪人を救うためです。**素質ゼロのとんでもない奴ら（悪人）が救いの目的（正《しょう》機《き》）であることを「悪人正機」**と言います。

高校の教科書では、悪人正機を「悪人こそが救われる」と短絡的に解説するので、何だか悪いことをした人が救われるみたいに思われがちですが、そうではなく、「素質ゼロの人こそが阿弥陀如来の救いの目的で、よく考えて自分を省みたら、私は素質ゼロじゃね？　ということは私こそが阿弥陀如来の目当てだよね。だったら私は救われるよね。すげー、阿弥陀如来ありがたいよね。阿弥陀如来信じるよ！」となるのです。

そんな素質ゼロの私たちが信じることによって救われるのですが、その信じる心すら、阿弥陀如来が私たちにくださったものなのです。

素質ゼロなのですから、信じろと言っても信じられません。私たちの本性までも阿弥陀如来は見抜いて、長い時間をかけて教えに出会う縁を与え、信じる縁を与えるのです。その与えられた信心こそが、私たちが極楽浄土に生まれる根拠（因）なのです。だから、阿弥陀如来からいただいた信心をそのまま大切にする。念仏は、阿弥陀如来を信じる心から自然と湧き出てくるから心配しなくても大丈夫。念仏したから救われるのではなく、救われるから念仏が口から出るのです。

阿弥陀如来は、信じさせ、念仏させ、往生させ、仏に成るための全てをしてくれる。そこまでしてくれる。だからどんな人でも救われます。

逆に言えば、そこまでしないとみんなを救うなんてことはできないのです。口で何回念仏したら救われるのかではなく、阿弥陀如来の救いの力を信じ、任せる人生。そして、その人生を終えた時、阿弥陀如来の浄土に生まれ、仏と成る。仏と成った後はただ遊んで暮らすのではなく、またこの世界に還ってきて、人々を教え導いていくのです。

浄土真宗において、信仰の主語は全部「阿弥陀如来」です。阿弥陀如来が救う。阿弥陀如来が願う。阿弥陀如来が信じさせる。私が何かをするのではなく、阿弥陀如来がしてくださるのを、ただ受け入れる。そんな姿勢をもつのが浄土真宗です。

藤の花は、鬼から人間へ戻る象徴として描かれる

さて、ともにシンボルとして藤の花を掲げるという意味で、浄土真宗と『鬼滅の刃』の関係性を感じるのですが、この藤の花が見事に描かれている場面があります。

それは、鬼舞辻無惨《きぶつじむざん》との戦いの中で、鬼となってしまった炭治郎が鬼から人間に戻る場面です。最終局面である無限城《むげんじょう》での戦いで、いよいよ無惨を追い詰める炭治郎たち鬼殺隊。柱《はしら》を含む多くの犠牲者を出しながらも、いよいよ夜が明け、朝日が無惨の体を焼き始めます。小さな体のままでは一瞬で焼き尽くされると考えた無惨は、自ら

の体を膨張させ巨大化していきます。

その巨大化の過程で、炭治郎は無惨の体の中に取り込まれてしまいます。巨大化して時間を稼ごうとする無惨ですが、ついに、自分が滅んでいくことを自覚します。滅びながら、産屋敷耀哉《うぶやしきかがや》の言った「想いこそが永遠であり不滅」ということを認めつつも、それは鬼殺隊だけではなく無惨自身の想いも同じであると、自らの鬼としての想いを遺《のこ》すべく、炭治郎に全ての力を注ぎ込みます。そして、炭治郎を鬼にしてしまうのです。

無惨が滅びた後に残ったのは、鬼化した炭治郎でした。炭治郎の鬼としての素質はすさまじく、あっという間に太陽の光を克服します。実質的に弱点が存在しない鬼となった炭治郎になす術《すべ》もない鬼殺隊でしたが、そんな彼らを救ったのは、珠世《たまよ》としのぶが藤の花から作った鬼を人間に戻す薬でした。

栗花落《つゆり》カナヲによって打ち込まれた薬は効果を発揮し、鬼化していく炭治郎を人間に戻していくのです。その過程の中で炭治郎の心の世界を表すシーンがありますが、人間に戻る象徴として藤の花が見事に描かれています。

無惨の肉に埋もれる炭治郎が天に手を伸ばし、家に帰りたいと吐露《とろ》し戻ろうとします。無惨は炭治郎の体を絡《から》めとりつつ、言葉でもって揺さぶりをかけます。炭治郎の心が折れたかに見えた時、下から無数の手が伸びて、炭治郎の体を天へ押し上げ始めます。その手は、命を落としていった柱たちの手でした。柱たちは無惨に勝る力で炭治郎の背中を押し上げ、炭治郎は懸命に天に向かって手を伸ばします。

すると、炭治郎が手を伸ばす方向に藤の花が咲き乱れます。おそらく、これは珠世としのぶの薬を表すものでしょう。その藤の花の中から、今度は禰《ね》豆《ず》子《こ》や他の隊士たちの手が炭治郎に向かって伸びてきます。禰豆子たちの手は炭治郎の手をしっかりとつかみ引き上げ、藤の花の中をくぐり抜けた時、炭治郎は人間として目を覚ましました。こうして1000年にわたる人間と鬼との戦いが終わるのです。

鬼化した炭治郎が人間に戻るシーンと重なる、「二河白道」のたとえ話

この鬼化した炭治郎が人間に戻る場面を読んで、思い出す浄土真宗の話がありま す。それは**「二河白道《にがびゃくどう》」**というお話です。

このお話は、中国の善導《ぜんどう》大師というお坊さんが、浄土教において極楽浄土に生まれ

たいと願う心、つまり、阿弥陀如来を信じる心をたとえたもので、浄土教の信仰のありさまを伝える話です。

浄土宗を開いた法然聖人は、善導大師の書物によって念仏の教えに進まれました。また、浄土真宗の開祖である親鸞聖人も、「二河白道」のたとえ話をとても大事にされました。

では、どんなお話かと言いますと――


あるところに果てしない荒野を西に向かって一人歩く旅人がいました。周囲には人影も、身を隠す場所もない、ただ荒涼とした大地が広がっています。突然、気配を感じた旅人が振り返ってみると、東のほうから盗賊の群れが旅人を襲おうと迫ってきました。

やばいと思った旅人は逃げようとしますが、なんと北と南の方角からも猛獣や毒蛇が襲ってきました。このままでは命を落としてしまいます。残る逃げ道は西だけです。慌てて西に向かって逃げる旅人の前に、今度は大きな河が行く手を阻《はば》みます。

しかも、この河はただの河ではありません。北側は底なしに深い渦《うず》を巻いた水の河、南側は天を焼き尽くすほどの火の河でした。向こう岸までは150mほどあって、飛び越えることもできませんし、泳いで渡れば即死です。絶体絶命のピンチ。後ろからは盗賊の群れが、左右からは猛獣や毒蛇が、目の前には水と火の河が。行くも死、戻るも死、とどまるも死。完全になす術《すべ》がない状態です。

ふと前を見ると、水と火の河が交わるちょうど中間に、向こう岸までまっすぐ続く細くて白い道が見えました。しかし、その道の幅は12~15㎝くらいです。とても150mも歩いて渡り切れそうにはありません。しかも、左右から水と火が押し寄せ、道を交互に覆い隠しています。

(このままではやばい！　どうする⁉)

このまま何もしなければ死を待つのみです。残されている可能性は一つ。目の前の細くて白い道を渡るのみ。可能性は低いかもしれませんが、その可能性に賭けるしかありません。

意を決して、白道に足をかけたその時です。

東のほうから声が聞こえてきます。

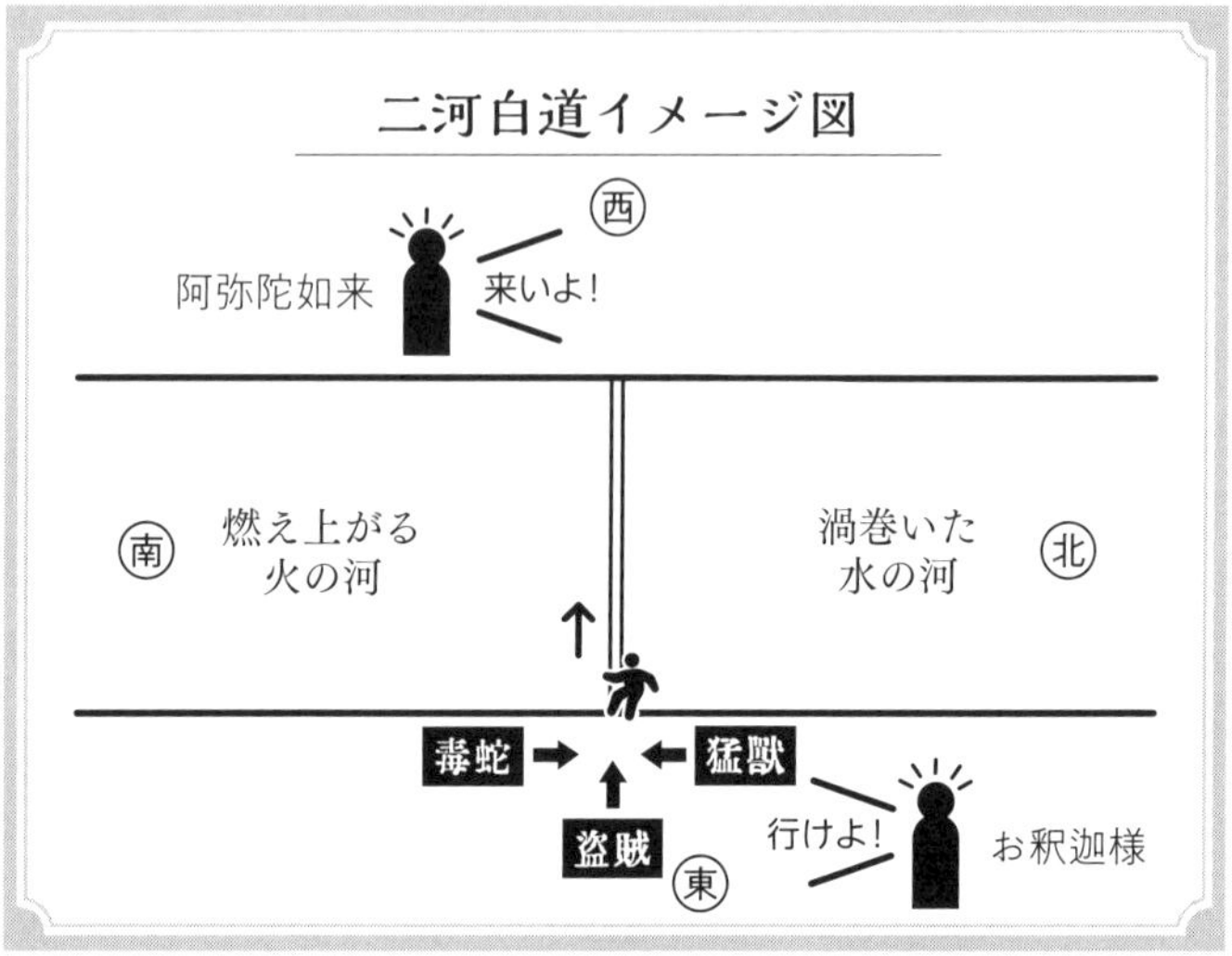

「大丈夫! その道を行きなさい。必ず向こう岸に行けるから。進まないと死んでしまいますよ! さあ、行きなさい」と。

そして、その声に重なるようにして今度は西の向こう岸から呼ぶ声が聞こえます。

「さあ、その道を今すぐ渡ってきなさい。大丈夫! 私が護《まも》ってあげるから」

二つの声に呼び覚まされて、ためらい疑う心を払われた旅人は、白道を歩み出します。

すると、岸から見ていると細かった白道が、実はゆるぎない大きな道であったことを知ります。グングン進むと後ろから岸まで追ってきた盗賊たちが叫びます。「戻ってこぉーい！　その道はとても危険で落ちてしまうぞぉ！私たちに悪意はなく、決して君を傷つけたりしないから心配せずに戻っておいでーー！」と。

しかし旅人は、その言葉には耳をかさずに進みます。そして、無事に河を渡り切り西の岸に辿《たど》りつきました。めでたしめでたし。

これが、「二河白道」というたとえ話です。二つの河と白い道が出てくるのでこう呼ばれています。

『鬼滅の刃』は浄土真宗のような物語

この話に登場する西に向かう旅人とは、仏に成ろうとする私たちです。東、北、南から迫る盗賊や猛獣や毒蛇は煩悩や仏への道を妨げるものです。

また、迫るという意味では、持ち時間がない状態。つまり、寿命を表しているとも言えます。目の前に現れた越えることのできない水の河は貪《むさぼ》りの心（貪欲《とんよく》）。深い欲のことです。欲って溺れるじゃないですか。だから私たちの底なしの欲望のことです。火の河は怒りの心（瞋恚《しんに》）です。燃え上がり、我が身を焦がす怒りの炎のことです。

つまり、これらは私たちの人生が切羽詰まった状態であることを表しています。こうなったら、煩悩に押しつぶされるか、欲に溺れるか、怒りに焼かれるかしかない。そんな状態では仏になんて成れません。そこに現れた白い道。これが阿弥陀如来の救い、つまり「南無阿弥陀仏」の念仏です。

西の岸は、阿弥陀如来の世界である西方《さいほう》極楽浄土。この念仏の道を信じ歩んで極楽浄土に辿りつく様子をたとえた、念仏で救われていく人のお話なのです。そして、東から「行きなさい」と呼び掛ける声はお釈迦様の声。お釈迦様が2500年前、浄土三部経（「仏説《ぶっせつ》無《む》量寿経《りょうじゅきょう》」「仏説《ぶっせつ》観《かん》無《む》量寿経《りょうじゅきょう》」「仏説《ぶっせつ》阿弥陀経《あみだきょう》」）の中で念仏の教えを説き、その道を勧めた教えのことです。

一方、西の岸から呼ぶのは阿弥陀如来です。「私にまかせなさい。必ず救います」と誓い願った仏様の喚《よ》び声です。浄土真宗では念仏を「阿弥陀如来が私たちを呼んで招く喚び声」だと説きます。

「二河白道」のお話は、仏の道を探しながらも荒野に迷い、行き詰まっている旅人が、お釈迦様の説法と、阿弥陀如来の願いに導かれて、浄土への旅としての人生を生き抜いていく念仏者の姿をたとえたお話なのです。

このたとえ話、鬼化した炭治郎が人間に戻る場面に、よく似てると思いませんか？『鬼滅の刃』は地から天に、「二河白道」は東から西にという違いはありますが、ともに渡っていく姿です。

無惨に体の支配を奪われた炭治郎はその支配から逃れようと力なく手を伸ばします。しかし、その体にはもう抵抗する力は残っておらず、身動きもとれません。そんな炭治郎の背中を押し上げたのは、かつて自分を導いてくれた柱たちの手です。

つまり、「二河白道」でいうところの東から聞こえるお釈迦様の声。仏教徒を導き励ます師です。

そして、背中を押される炭治郎の手を禰豆子の手がつかみます。その手は阿弥陀如来の救いです。そしてそれは、藤の花の中から伸びてくる。つまり、浄土真宗のシンボルである藤の花。極楽浄土から伸びた手です。

行こうとする炭治郎に「戻れ」「行くな」と盗賊たちのように無惨が下からすがります。しかし、さらに様々な隊士の手が「帰ろう」という呼び声とともに差し伸べられます。これは先に極楽浄土に往《い》った人たちでしょう。背中を押され、手をつかまれ、引き上げられていく炭治郎の姿は、東の岸から西の岸に渡っていく念仏者の姿そのものなのです。

力のない炭治郎に、禰豆子の手をつかむ力もありませんが、禰豆子は炭治郎の手を放しません。浄土真宗では、私たちが阿弥陀如来をつかむのではなく、阿弥陀如来のほうからつかんでくださっていると説きます。私たちにつかむ力がなくても、阿弥陀如来は決して手を離したりはしません。だから、浄土真宗には自らの力に頼った修行がいらないというのです。手をつかむための力を身に付ける必要はない。向こうから私の手を必ずつかんでくださると信じる。あとはその身を任せるだけなのです。

このお話が描かれた23巻第203話のタイトルは「数多《あまた》の呼び水」となっています。「呼び水」とは、炭治郎を呼んで招く「喚び声」のことのように思います。それは阿弥陀如来が私たちを喚ぶ声です。その声が「南無阿弥陀仏」という念仏なのです。このシーンはまさに「二河白道」の情景そのままなのです。

何度も申しますが、私は『鬼滅の刃』の鬼とは煩悩だと考えます。その煩悩という鬼を倒す仏道の物語が『鬼滅の刃』だと思っています。そして、煩悩を抱えたまま、仏に成る素質ゼロの者が仏に成っていくのが浄土真宗の教えです。

阿弥陀如来、お釈迦様、多くの仲間に助けられながら、仏に成っていく私たちの姿が、炭治郎の物語として描かれているように思えます。力なくその身を投げ出し、そのままの姿で最後の鬼を滅した炭治郎の姿は、全てを救いの手にまかせた姿でした。その姿を見ると、『鬼滅の刃』は浄土真宗のような物語だと思うのです。

鬼の王になり得た炭治郎の素質

炭治郎はよく、純粋無垢《むく》な主人公と評されます。しかし、果たしてそうでしょうか。私はそうは思いません。確かに、炭治郎は鬼に対しても慈愛に満ちた行動をします。手を握り、時には語りかけ、同情のまなざしで鬼に接します。純粋無垢な主人公たる所以《ゆえん》でしょう。しかし、一方で鬼に対してこのうえない憎悪《ぞうお》を抱く時があります。

例えば、無惨が「私に殺されることは大災に遭《あ》ったのと同じだと思え」、（いつまでも根にもって立ち向かってくるのは）「鬼狩りは異常者の集まりだからだ」と言うシーンがあります。それに対して、炭治郎は「お前は存在してはいけない生き物だ」とつぶやき、「腹の底まで厭悪《えんお》が渦を巻いた」と感じています（21巻第181話、第182話）。

その時の目はうつろで、とても少年誌の主人公とは思えない表情です。炭治郎がこういった感情をもつことは度々あり、その姿には純粋無垢とは言い難いものがあります。

もちろん、それらの感情は鬼の言動があまりにもひどいことが原因です。温和な炭治郎がここまでの感情になるなんて！　と鬼の非道を際立たせる表現上の目的もあると思います。

しかし、そういった表現上の理由を加味しても、炭治郎の本性があの表情です。炭治郎は鬼に対してですら慈愛の心で接することができる一方、どこまでも相手を深く憎むことのできる心を併せもっているのではないでしょうか。それが、炭治郎のもつ鬼の素質だと思います。

そして、その素質はずば抜けています。無惨によって鬼化された炭治郎は、一瞬で太陽を克服しました。無惨には成しえなかった、そして禰豆子は数年かけてようやく手に入れた力です。**炭治郎こそ、鬼の王だった**のです。

では、なぜ炭治郎は純粋無垢でいられたのでしょうか。

それは、たまたまです。鬼の素養が現れる機会がなかっただけです。

そのことは本人も自覚しています。16巻第135話で、無惨との決戦を控え、さらなる戦力向上のための柱稽古で、炭治郎は特訓と真摯《しんし》に向き合い、岩柱《いわばしら》である悲鳴嶼《ひめじま》が出した課題をクリアします。その成果と、それまでの鬼に対する姿勢を見て、悲鳴嶼は炭治郎を認めると告げます。それまで、鬼の禰豆子とそれをかばう炭治郎に対して懐疑的であった岩柱が「認める」と言ってくれたのです。

鬼殺隊最強の人間に認められることは、大変栄誉なことです。しかし、それに対して、炭治郎は「いつもどんな時も間違いのない道を進みたいと思っていますが先のことはわかりません　いつだって誰かが助けてくれて俺は結果間違わずに済んでいるだけです」と答えるのです。

つまり、**うまくいっているのはたまたまで、条件さえ整えば、私はどんな失敗や悪事を犯してしまうかわからない。だから、自分を簡単には認めないでくれ**と言うのです。

また、「遊郭編」での11巻第93話で、上弦《じょうげん》の陸《ろく》である妓夫太郎《ぎゅうたろう》と堕姫《だき》の兄妹との戦いにおいて、炭治郎に頸《くび》を斬られそうになる妓夫太郎を見て、思わず堕姫が「お兄ちゃん!!」と叫びます。

その声に、一瞬ですが炭治郎は妓夫太郎と自分を重ねます。鬼と鬼狩りとして妓夫太郎と対峙《たいじ》していますが、互いに妹を守るために戦う兄という立場は同じです。もしかしたら、自分も妓夫太郎のような鬼になっていたかもしれない。一歩間違えば、自分が鬼殺隊に頸を斬られるほうになっていたかもしれないと考えるのです。

「その境遇はいつだってひとつ違えばいつか自分自身がそうなっていたかもしれない状況」――その状況の中で、たまたま自分は人を殺さなくてもよかっただけであって、**条件が整えば自分は鬼でも殺人者にでもなってしまうということを吐露**したのです。

鬼狩りになる縁、鬼になる縁

これに似たことを、浄土真宗の開祖の親鸞聖人が言っています。親鸞聖人の弟子である唯円《ゆいえん》という僧侶が、師匠である親鸞聖人の言動を書き記した『歎異抄《たんにしょう》』という書物があります。この『歎異抄』は弟子の著述ではありますが、親鸞聖人の心をよく著した書物として多くの人々の心を打ってきました。機会があればぜひとも読んでみてください。

『歎異抄』の中で、親鸞聖人が唯円に「私を信じますか？」とたずねるエピソードがあります。もちろん「はい」と答えた唯円に、「では、千人殺しておいで。そうすれば極楽浄土に行けるから」と言います。なんと過激な言葉でしょうか！

唯円は、「私にはとてもそんなことできません」と断ります。それを聞いて親鸞聖人は、「そうだろう。どんなことでも自分の思い通りになるのなら、自分が信じる師匠が千人殺せと言った時には、すぐに殺すことができるはずです。でもそれができないのは、できる縁がないから。自分の心が善いから殺さないのではないのです。逆に殺すつもりがなくても、縁が整えば百人でも千人でも人を殺すことだってあるのです」

と答えます。

自分が罪を犯さないのは、自分が善人だからではなく、たまたまそのような状況に置かれていないだけで、もし、そのような状況に置かれていたら何をしでかすか分からないのが私たち人間だと言うのです。**炭治郎もまた、たまたま鬼殺隊という縁に遇《あ》**

ったただけであって、鬼という縁に遇えば、人を喰っていたかもしれないのです。

家族を鬼に斬殺されたあの日、帰りが遅くなった炭治郎を三郎爺《さぶろうじい》さんが引き留めずに家に帰していたら、太陽を克服した鬼の王があの場で生まれていたかもしれないのです。

最終話で描かれたのは「涅槃寂静」の悟りの世界

不思議な縁によって鬼殺隊に入隊し正義の刃を振るった炭治郎ですが、はたして鬼殺隊は本当に正義なのでしょうか。これもまた疑問です。

いくら鬼が相手でも刀を振るって頸を斬る行為は、暴力以外の何ものでもありません。あくまで、人間の側から見た正義であって、それが本当の正義かどうかは分からないのです。

ここで、本当の正義とは何かを言い始めると話がややこしくなるので、仮に人間を生かすことを正義だとします。もし、多くの人々を死に追いやるような殺人鬼を鬼が喰ったらどうなるのでしょうか。その殺人鬼が殺すはずだった人々は、鬼に救われたことになります。では鬼の行動は正義でしょうか。このような矛盾が起こるのは、人間の掲げる正義には限界があるからです。

世界を、有るか無いか、敵か味方か、正義か悪かなどと分別するものの見方をしてしまうのは、私たちが「我」に執着しているからだと仏教では説きます。

そして、その執着が生むのが煩悩《ぼんのう》であり、その煩悩こそが苦悩の根源であるとお釈迦様は説きます。「我」という言葉はサンスクリット語（古いインドの言葉）でアートマンと言います。このアートマンの本来の意味は「呼吸」からきているという説があります。鬼殺隊の使う技の名前と、仏教で執着してはならない「我」の由来が同じであることは、とても興味深いものです。

鬼殺隊の鬼狩りもまた、一見正義のようでありますが、それに執着してしまえば、それは次なる苦しみを生みます。鬼を滅するための手段として手に取った刀を、いつまでも握り続けると、それが次の災いを生みます。

そういう意味では『鬼滅の刃』の最終話は秀逸でした。誌上で発表された時は、賛否があったようですが、私はあの最終話は鬼殺隊が鬼殺を手放した話だと思います。

鬼を滅するために手にした刀も、目的を達成した後はそれに執着することなく手放さ

なければなりません。

実はそれが一番難しいことなのです。人類の歴史を見ても、一度武器を取った者たちが、その武器を手放すことの難しさや、それを用いてさらなる悲劇を起こした事例は数多くあります。

鬼殺隊の多くの隊員は、家族や近しい人を鬼によって失った人々です。世界の平和を願って鬼殺隊に入ったというよりも、個人的な怨《うら》みや欲望が動機である者もいるでしょう。だからサイコロステーキ先輩（那田蜘蛛山《なたぐもやま》で大口を叩き、下弦《かげん》の伍《ご》である累《るい》にサイコロステーキのように切り刻まれた隊士の俗称）のような隊士もいるのです。そういった隊士たちの心を、その後の鬼殺隊がどのようにケアしていったかは作品には描かれていませんが、それなりの困難があったと予想されます。

鬼に親族を殺され、青年期を剣術に捧げた人間が、無惨の死をもって刀を置き、普通の生活を始めるのです。それらの困難を乗り越えて、刀を手放して辿りついた鬼のいない世界は、何気ない日常の世界でした。

鬼がいなくなった世界が、平穏で静かであった（『鬼滅の刃』特有のドタバタ感はありましたが）というのは、仏教で言うところの悟りの世界ではないかと思うのです。

仏教では「涅槃寂静《ねはんじゃくじょう》」と言い、悟りの世界とは安らぎの静かな世界であると説きます。鬼である煩悩を滅した世界が、いわゆる穏やかな日常であり、そしてそれが長きにわたって続いているというのは、この静かな世界が実現したということではないでしょうか。**最終話を仏教的視点で読むと、「涅槃寂静」の悟りの世界を描いているように見えます。**

そして、安らぎの世界を目指して組織されたのが鬼殺隊であり、鬼殺という行為は煩悩を滅するための行為であったとあらためて思うのです。

なぜ、私たちは鬼に惹かれるのか？

この物語が大ヒットした理由を、いろいろな人が分析しています。様々な魅力があるうちの一つに「鬼の物語」があります。

鬼には鬼になった理由があります。数奇な人生の中で鬼になった者。悲劇的な出会いによって鬼になった者。中には鬼になるべくしてなった者もいます。

そんな鬼たちの物語に同情してしまうのです。鬼を狩る鬼殺隊に鬼を狩る理由があるように、鬼にも鬼である理由があるのです。『鬼滅の刃』では、そんな鬼たちの物語もつぶさに描かれており、そこに共感する人は多いです。

では、なぜ鬼に同情し、共感してしまうのでしょうか。それは**鬼たちに、私たちの心の奥底に潜む鬼を重ねて見てしまう**からだと思います。善い人間が往《い》く極楽と悪い人間が堕《お》ちる地獄。極楽にいる人と地獄にいる人。私たちはどちらがイメージしやすいと思いますか？

それは、地獄のほうです。なぜなら、自分にも思い当たる節があるからです。

私の心の底にある鬼が、作中の鬼をよりイメージしやすくしているのです。その**心の中に潜む鬼を、仏教では煩悩と言います。**『鬼滅の刃』という鬼を滅する物語に人々が心惹かれるのは、私たちの内なる煩悩という共通した存在、そして、それが悪いものであるけれども、どうしても手放すことのできない、いや、むしろそれを愛してしまっているからではないでしょうか。

煩悩は悪い心ですが、時に人はそれに自ら溺れるという選択をしてしまう悲しい存在なのです。その私たちの悲しみと、鬼たちの悲しみが惹かれ合う。だから、人生経験を積んだ年配者にも人気があるのだと思います。お子様には分からない、年を重ねた者だけが分かる苦悩があるのです。**『鬼滅の刃』が幅広い年代に受け入れられたのは、鬼への共感がある**と思います。

炭治郎もまた内なる大きな鬼を抱えた存在でした。その炭治郎が多くの仲間と苦労をともにしながら鬼を滅していくことで、この物語は終わります。

一方、お釈迦様はこの世界を苦に満ちた世界であると言われました。しかし、その苦から救われていく道があると説かれました。その道が仏道です。仏教は、決してきれいなものがきれいになっていくものではありません。**苦悩の中に沈む者たちが、その苦悩から救われていくのが仏教**なのです。

雪の中で身を屈《かが》めていた弱い炭治郎。普段は温和な顔をしながらも、時に、抑えきれない憎悪にとらわれる炭治郎。一度決めたら周りのことはお構いなしで突き進んでしまうわがままな炭治郎。無惨や禰豆子に勝る、鬼の素質をもった炭治郎。そんな炭治郎が無惨を倒すのです。そこに、希望とも言える救いがあるのです。

『鬼滅の刃』のキャッチコピーは、「これは、日本一慈《やさ》しい鬼退治。」です。このキャッチコピーは、どこで切るかによって二つの意味が生まれます。

一つ目は、「日本一慈しい、鬼退治」。これは、「慈愛の心をもつ慈しい炭治郎が鬼（＝無惨）を倒していく物語」という意味です。

もう一つは、「日本一慈しい鬼、退治」。「日本一慈しい鬼である炭治郎を退治する物語」であるという意味。つまり、この物語は炭治郎の内なる鬼を退治していく物語でもあるということです。

さらに、仏教的な意味を見いだすとするならば、「慈《やさ》しい」という言葉の意味でしょう。ここでは「優しい」ではなく「慈しい」という常用的ではない字をあてています。仏教は慈悲の教えです。「慈悲」は他者に慈しみの心をもって楽を与える「慈」と苦しみを抜く「悲」を合わせて慈悲と言います。この慈悲心の実践が仏道でもあります。「やさしい」という言葉に、あえて「慈」という字をあてたのは、この慈悲の心を表しているからではないでしょうか。

またこのキャッチコピーが大きく扱われたのは2017年5月8日～14日の間、新宿駅に広告展示された巨大ポスターにおいてです。このポスターにはキャッチコピーとともに、次の言葉が添えられました。

死闘の果てでも、祈りを。
失意の底でも、感謝を。
絶望の淵でも、笑顔を。
憎悪の先にも、慈悲を。
残酷な世界でも、愛情を。
非情な結末にも、救済を。
重ねた罪にも、抱擁を。

「死闘」「失意」「絶望」「憎悪」「残酷」「非情」「罪」という暗闇の世界観に、「祈り」「感謝」「笑顔」「慈悲」「愛情」「救済」「抱擁」という光を与える。それがこの『鬼滅の刃』という物語なのです。

この物語で救われるのは炭治郎であり、無惨であり、それを読む私たちなのです。それは、仏教があらゆるものを分け隔てなく救済していく姿ととてもよく似ているのです。

おわりに

最終的に鬼を滅したのは、刃ではありませんでした。

鬼舞辻無惨《きぶつじむざん》の血と意思を受け継ぎ、太陽を克服し、最強の鬼の王となった炭治郎《たんじろう》を止めたのは珠世《たまよ》と胡蝶《こちょう》しのぶが作り出した藤の花の薬でした。鬼を滅した本当の刃は日輪刀《にちりんとう》ではなく薬だったのです。


仏教を開いたお釈迦様にはいろいろな呼び名があって、そのうちの一つに医王というものがあります。医者の王様という意味です。

これは煩悩《ぼんのう》を抱え苦悩している人々を患者にたとえ、その苦悩に合わせた治療を施《ほどこ》し、病《やまい》を治していくお釈迦様の姿を医者にたとえたものです。

お釈迦様は、腹痛の患者には腹痛の薬を、頭痛の患者には頭痛の薬を与えるように対機説法《たいきせっぽう》を行い、弟子たちを悟りに導いていきました。これを応病与薬《おうびょうよやく》と言い、お釈迦様の教えは薬であり、それによって煩悩という病気を治していくのです。

ネット上で見られた様々な考察の中で、私が一番腑《ふ》に落ちたのは「上弦《じょうげん》の鬼のモデルは伝染病」という説です。

上弦の壱《いち》の黒死牟《こくしぼう》はペスト（ペストは黒死病とも言われていたため）、上弦の弐《に》の童磨《どうま》は結核（童磨の血鬼術《けっきじゅつ》に、吸い込むと肺にダメージを負うものがあるため）、上弦の参《さん》の猗《あ》窩座《かざ》は麻疹《はしか》（はしかは昔、あかもがさと呼ばれていたため）……といった具合です。

そう考えると、新たなる鬼を生み出し、増殖していく無惨はさしずめガンでしょうか。細胞分裂を行う人間にとって、細胞のコピーミスから生まれるガンという病気は必ずいつかはかかる病気であり（もしくはかかる前に死ぬか）、人間が細胞分裂によって体を維持している以上、誰しもが抱える問題です。私たちと切っても切り離せないガンは、私たちが生まれながらにして抱える煩悩のようなものです。

病は、お釈迦様が示した人が避けることのできない4つの苦しみ（生老病死＝四苦《しく》）のうちの一つです。そして伝染病は、文明が発達し人々の交流が盛んになればなるほど広がりやすくなり、豊かな生活が実現するほどリスクが高まるというジレンマがあります。世界中で感染症が猛威を振るう中、私たちは今まさにそのジレンマの渦中で、苦悩を抱え生きています。

本書では「鬼は煩悩」と考察していますが、その鬼を滅したのが刃という暴力ではなく、薬であったということは、教えという薬によって煩悩を滅していく仏教そのものであると思うのです。

そしてその薬が、浄土真宗本願寺派のシンボルである藤の花からつくられたということもまた、浄土真宗を信じる者として特筆しておきたいと思います。

『鬼滅の刃』が世代を超えて受け入れられた要因の一つは、喪失を軽んじないという点ではないでしょうか。

作中では多くの命が失われ、そして生き残った者たちも傷を負います。中には手足を失う者もおり、それが元に戻ることはありません。よく、アニメや漫画ではご都合主義的にそれらが生き返ったり、元に戻るという展開があります。それを素晴らしい奇跡として描くのですが、一方でそれは喪失を軽んじていることでもあります。失うということを認めず、失わないことを良しとする姿勢の表れでもあるのです。

しかし、私たちの人生というのは、喪失の連続です。むしろ喪失によって成り立っていると言ってもいいかもしれません。

どんなに偉そうな人であっても、いずれ老いぼれていきます。お金も稼げなくなれば、失う一方です。モノだってどんどん古ぼけていきます。家族、親友、恋人は必ずいつかは離れていかなくてはいけません。

そうやって一生懸命に手に入れたものを喪失していくのが私たちの人生です。ですから、喪失を認めず、取り戻すことばかりを良しとすることは、それができない私たち自身を否定することになるのです。

『鬼滅の刃』は喪失を否定しません。たくさんのものが失われますが、その事実を受け入れ、その悲しみも含めて喪失を認めます。失われたものは失われたまま、失われた存在として大切にされます。悲しみの中で笑い、苦しみとともに生きていく主人公たち。その苦しみや悲しみが、いつか誰かの幸せにつながるかもしれない未来を描いてくれます。

それは失うことでしか生きていけない私たちを、「それでいいんだよ」と認めてくれるようにも思えるのです。

浄土真宗を開かれた親鸞聖人《しんらんしょうにん》が9歳で詠《よ》まれたと伝わっている歌に、

明日ありと　思ふ心の仇桜《あだざくら》　夜半《よわ》に嵐の　吹かぬものかは

という歌があります。仇桜というのは儚《はかな》く散っていく桜のことで、私たちの人生の儚さを詠んだ歌です。人は、どんなに咲き誇っていても、夜中に吹いた風であっという間に散ってしまう儚い桜のような存在であるというのです。

そんな儚い桜のような私たちを太陽のごとく照らし続けてくれるのが仏であり仏教です。その光にいつも照らされながら、私たちは生きていくことができるのです。そしてその光は苦悩の海に沈む私たちを「それでいいんだよ」と包んでくれるものです。

最終巻であるコミックス23巻のカバーを外した裏表紙には炭治郎の耳飾りが描かれ

ています。その耳飾りには、いつもの太陽とともに、桜の花が描き加えられていま
す。それは、まるで仏に照らされて生きる儚い私たちのように思えるのです。

このたびご縁があり、本書を読んでいただきました皆様、監修をしていただいた中
平了悟先生、出版社の皆様、心から感謝申し上げます。お坊さんの視点で『鬼滅の
刃』を読むというテーマで半ば強引に書き上げた本書ではありますが、この本によっ
て、少しでも多くの方が仏教に興味をもっていただければ幸いです。

私も、応援してくださった方々、手助けしてくださった方々、関わってくださった
皆様の幸せを、心から願っています。

松﨑智海

【参考文献】

ジャンプコミックス『鬼滅の刃』〈1巻〜23巻〉吾峠呼世晴（集英社）
『釈尊の生涯』水野弘元（春秋社）
『ゴータマ・ブッダ』〈上・中・下〉中村 元（春秋社）
『ブッダとは誰か』吹田隆道（春秋社）
『スタディーズ唯識』高崎直道（春秋社）
『浄土三部経』〈上・下〉中村 元・早島鏡正・紀野一義訳註（岩波文庫）
『人はナゼ骨を土に埋める？』僧侶えいしょう（電子書籍）
『仏事のイロハ』末本弘然（本願寺出版社）
『白道をゆく』梯 實圓（永田文昌堂）

ブックデザイン　華本達哉〈aozora.tv〉
仏教監修　中平了悟

〈著者略歴〉
松﨑智海（まつざき　ちかい）
1975年、福岡県生まれ。浄土真宗本願寺派永明寺住職。龍谷大学文学部真宗学科卒。2000年、札幌龍谷学園に宗教科教師として赴任。2005年、鎮西敬愛学園に宗教科教諭として赴任。2014年に教壇を降り、永明寺に勤務。2016年より永明寺住職を継職し、現在に至る。Twitter や YouTube などで積極的に発信を続ける。
著書に、『だれでもわかる ゆる仏教入門』（ナツメ社）がある。

永明寺 HP　https://eimyouji.jp/
Twitter　@matsuzakichikai

『鬼滅の刃』で学ぶ はじめての仏教

2021年6月3日　第1版第1刷発行

著　者　松　﨑　智　海
発行者　岡　修　平
発行所　株式会社ＰＨＰエディターズ・グループ
〒135-0061　江東区豊洲5-6-52
☎03-6204-2931
http://www.peg.co.jp/
発売元　株式会社ＰＨＰ研究所
東京本部　〒135-8137　江東区豊洲5-6-52
普及部　☎03-3520-9630
京都本部　〒601-8411　京都市南区西九条北ノ内町11
PHP INTERFACE　https://www.php.co.jp/
印刷所
製本所　図書印刷株式会社

　ISBN978-4-569-84935-5